NIVEL

3

COLECCIÓN **LEER EN ESPAÑOL**

Don Juan Tenorio

José Zorrilla

SANTILLANA ESPAÑOL

Universidad de Salamanca

La colección LEER EN ESPAÑOL ha sido concebida, creada y diseñada por el Departamento de Idiomas de Santillana Educación, S. L.

La adaptación de la obra ***Don Juan Tenorio***, de **José Zorrilla**, para el Nivel 3 de esta colección, es de **Rosana Acquaroni Muñoz**.

Edición 1992
Coordinación editorial: **Silvia Courtier**

Edición 2008
Dirección y coordinación del proyecto: **Aurora Martín de Santa Olalla**
Edición: **Begoña Pego**

Edición 2009
Dirección y coordinación del proyecto: **Aurora Martín de Santa Olalla**
Actividades: **Lidia Lozano**
Edición: **M.ª Antonia Oliva**

Dirección de arte: **José Crespo**
Proyecto gráfico: **Carrió/Sánchez/Lacasta**
Ilustración: **Jorge Fabián González**
Jefa de proyecto: **Rosa Marín**
Coordinación de ilustración: **Carlos Aguilera**
Jefe de desarrollo de proyecto: **Javier Tejeda**
Desarrollo gráfico: **Rosa Barriga, José Luis García, Raúl de Andrés**
Dirección técnica: **Ángel García**
Coordinación técnica: **Lourdes Román, Marisa Valbuena**
Confección y montaje: **María Delgado, Antonio Díaz**
Cartografía: **José Luis Gil, Belén Hernández, José Manuel Solano**
Corrección: **Gerardo Z. García, Nuria del Peso, Cristina Durán**
Documentación y selección de fotografías: **Mercedes Barcenilla**
Fotografías: A. Viñas; Algar; ORONOZ; MUSEUM ICONOGRAFÍA/J. Martin; Aguilar Mayor/ NATIONAL PORTRAIT GALLERY, LONDON; ATENEO, MADRID; BIBLIOTECA NACIONAL, MADRID; TEATRO DE LA COMEDIA FRANCESA, PARÍS; ARCHIVO SANTILLANA
Grabaciones: **Textodirecto**

En coedición con Ediciones de la Universidad de Salamanca

Dados Internacionais de Catalogação na Publicação (CIP)
(Câmara Brasileira do Livro, SP, Brasil)

Zorilla, José
Don Juan Tenorio / José Zorilla. —
São Paulo : Moderna, 2011. — (Colección leer en español)

1. Ficção espanhola I. Título. II. Série.

11-10058 CDD-863

Índices para catálogo sistemático:
1. Ficção : Literatura espanhola 863

ISBN: 978-85-16-07334-3
CP: 125185

SANTILLANA ESPAÑOL
SANTILLANA EDUCAÇÃO LTDA.
Rua Padre Adelino, 758, 3º andar — Belenzinho
São Paulo — SP — Brasil — CEP 03303-904
www.santillanaespanol.com.br
2023

Impresso no Brasil
Meta Brasil
Lote: 777487
Cod: 12073343

José Zorrilla (1817-1893) es uno de los autores más representativos del Romanticismo español.

Nacido en Valladolid en 1817, vive en Toledo y en otras viejas ciudades castellanas. Allí respira el ambiente del pasado y el espíritu de la tradición nacional.

Hasta su muerte, en 1893, lleva vida de poeta profesional, enteramente dedicado a la literatura. Su obra es abundante y variada. Escribe cientos de poemas líricos cortos, leyendas y obras de teatro. Entre estas, una hace olvidar casi todas las demás: Don Juan Tenorio *(1844).*

En Don Juan Tenorio, *Zorrilla vuelve a dar vida al personaje creado por Tirso de Molina en* El burlador de Sevilla *y recogido después por Molière, Mozart y Byron, entre otros, como uno de los grandes mitos de la condición humana. El don Juan de Zorrilla, como todos, es símbolo de la libertad individual frente a las leyes sociales, naturales o divinas. Pero Zorrilla, como buen romántico, sabe dar un nuevo final a la historia: don Juan, al final de la obra, gana el cielo gracias al amor de una mujer.*

Por el brillo de sus versos, lo rápido de su acción y su final feliz, es esta una de las creaciones más populares de la literatura española. Todos los años, el día uno de noviembre, día de Todos los Santos, el drama se representa en la mayoría de los teatros españoles.

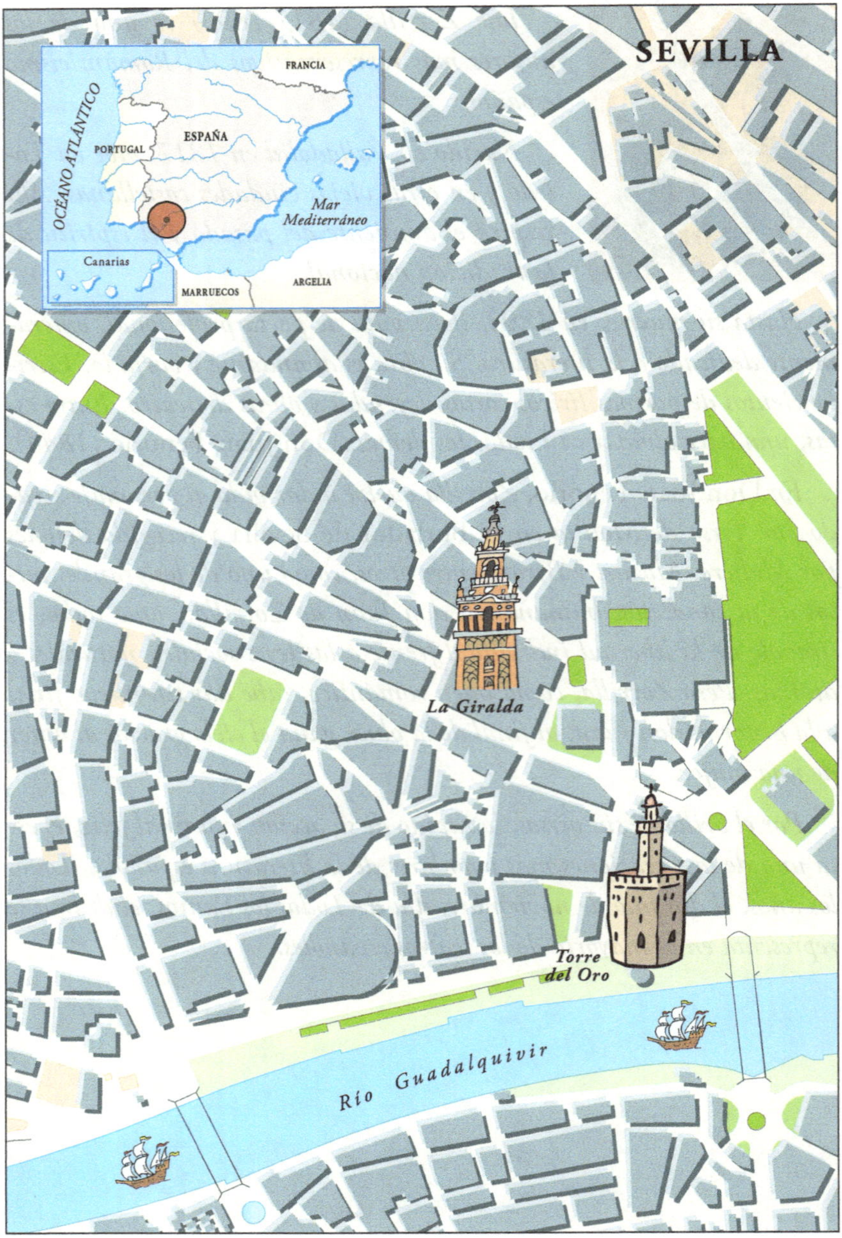
SEVILLA
FRANCIA
OCÉANO ATLÁNTICO
ESPAÑA
PORTUGAL
Mar
Mediterráneo
Canarias
MARRUECOS
ARGELIA
La Giralda
Torre
del Oro
Río Guadalquivir

I

TEMPRANO ha caído el sol en Sevilla. Son casi las ocho y ya es de noche. Febrero, año de 1545. El cielo está muy limpio. La noche es clara. La luna, blanca y llena, juega con las aguas del Guadalquivir. Sevilla espera su primavera, el sueño de los claveles, el oro de las naranjas, el verde de la aceituna. Pero espera alegre porque estamos en Carnaval[1]. Hay música por las calles. Gentes de Flandes[2], de Italia, vestidas con sus ricos sombreros y sus trajes de muchos colores ríen y cantan. Todas llevan antifaces[3] y las caras pintadas...

En la calle del Carmen, muy cerca de la plaza de Doña Elvira, en el barrio de Santa Cruz, está la famosa Hostería[4] del Laurel. Todo el mundo la conoce en Sevilla. Tiene muchos clientes. Es buen lugar para viajeros, y también para caballeros y gente de alegres costumbres. Allí hay juego, mujeres y buen vino. Hoy, Buttarelli, su dueño, está contento. A su hostería ha llegado un caballero con un criado[5] italiano, de Nápoles como él, que se llama Ciutti. Un joven muy amable y simpático. Hacía ya mucho tiempo que Buttarelli no charlaba con un napolitano. Ciutti y su señor han vuelto de un largo viaje por Italia. El caballero parece importante. Es alto, delgado y de noble aspecto. Lleva puesto un antifaz negro.

–Entonces, joven Ciutti, ¿estás trabajando para aquel caballero? –pregunta Buttarelli, curioso como siempre.

–Sí, ya hace un año.

–Y ¿qué tal? ¿Paga bien?

–No hay, en toda Sevilla, otro hombre como él. Vivo como un rey. Tengo todas las cosas que quiero y más: tiempo libre, bolsa llena, buenas mujeres y buen vino.

–¡Por Dios que no parece mala vida!

–Nunca he vivido mejor. Este hombre lo tiene todo. Es rico, alegre, siempre está de buen humor... Es rápido con la espada[6], valiente[7] como el mejor caballero, amigo de sus amigos... ¡No sé qué más puedo decir!

El señor de Ciutti está sentado escribiendo una carta. De la calle llega, cada vez más fuerte, ruido de gritos y de música. El caballero mira enfadado hacia la puerta.

–¡Cómo gritan esos villanos[8]! ¿Es que no van a callarse nunca? Pero ¡van a pagar cara la fiesta! Todavía no saben quién ha llegado hoy a Sevilla.

–Parecen muy contentos, señor –le dice Ciutti.

–Así es –continúa Buttarelli–, el vino corre alegre por las calles de Sevilla. Y todo el mundo lo sabe: el vino hace jóvenes a los viejos y enciende los corazones...

–Buttarelli, amigo mío –dice Ciutti–, habla un poco más bajo. Ya ves que mi señor no quiere que le molesten.

–Y ¿a quién está escribiendo con tanto cuidado?

–A su padre.

–¡Ah! ¡Buen hijo entonces, además de caballero!

–Así es. No es fácil encontrar otro igual en nuestros tiempos.

El caballero ha terminado ya su carta. Llama a su criado con fuerte voz.

– ¡Ciutti!

–¿Señor?

–Quiero que lleves inmediatamente esta carta al convento[9]. Llévala escondida en este libro. Es para doña Inés. Brígida, su criada, te está esperando. Tiene que darte una llave y un papel con una hora y un lugar. Después, te quiero aquí sin tardar. ¿Lo has entendido bien?

–Bien está, mi señor.

Ciutti deja a su señor y sale corriendo a la calle. El caballero se queda en la hostería solo con el dueño. Ahora sí parece que tiene ganas de hablar y llama a Buttarelli.

–Y dime, ¿ha venido hoy por aquí don Luis Mejía?

–No, señor. No está en Sevilla. Y no hay por el momento noticia suya. Sin embargo, tengo cierta información sobre él que puede seros de interés...

–Habla entonces. ¿A qué esperas?

Buttarelli es un hombre de campo, sencillo, pero muy listo. Antes de hablar se queda un momento en silencio. Quiere despertar el interés de su cliente.

–Perdonad, señor. Estoy intentando acordarme...

–Acaba ya ¡por los cielos!

–Pues bien –sigue por fin Buttarelli–, don Luis Mejía tuvo un día aquí, en esta hostería, la idea más terrible que puede ocurrírsele a un hombre...

–Sí. Ya lo sé. La apuesta[10] que le hizo a don Juan Tenorio. Conozco bien esa historia. Por eso te he preguntado por él.

–Entonces vos ya sabéis[11] que esta tarde, a las ocho, termina el año que se dieron de tiempo y deben verse aquí. Pero no creo demasiado en la palabra de esos caballeros. En un año pueden pasar muchas cosas, y me parece, señor, que ninguno de los dos se acuerda ya de esa apuesta.

–¿Eso crees?

–Eso creo.

El caballero termina su copa de vino, se levanta de la mesa y le da a Buttarelli dos doblas[12] de oro de propina. Buttarelli, en su sorpresa, no sabe qué decir, pero las guarda en sitio seguro.

El caballero termina su copa de vino, se levanta de la mesa y le da a Buttarelli dos doblas de oro de propina.

–Excelencia[13], ¿entonces vos conocéis a don Juan y a don Luis...?

–Quizá. Por lo menos a uno de ellos. Y ése sí va a venir hoy aquí. Puedes estar seguro de ello. Así que ya lo sabes, Buttarelli, prepara, para esa hora, tus mejores botellas de vino. Y ahora, adiós.

II

LA hostería, por un momento, se ha quedado vacía. Buttarelli se queda solo entre sus viejos muebles, sus platos, sus botellas... Piensa en el extraño visitante.

«Entonces es verdad. Este caballero sin nombre parece estar muy seguro. Hoy van a venir a mi casa don Juan Tenorio y don Luis Mejía. Hace hoy un año, aquí, en mi casa, en esta misma mesa, lo prometieron delante de todos. Pero ¿quién era ese hombre? ¿Por qué estaba tan seguro? ¿Los conoce entonces? Me muero por saber cómo termina toda esta historia.»

Poco tiempo después entra un hombre mayor a la hostería. Viste buen traje y parece de noble familia. Pregunta por Buttarelli.

–Soy yo, señor. ¿Qué queréis? Decidlo pronto, que tengo muchas cosas que hacer.

–Aquí tienes esta dobla. Seguro que ahora vas a ser más amable y vas a tener menos prisa...

–¡Excelencia!

–Bien. Ahora podemos hablar. ¿Conoces a don Juan Tenorio?

–Sí.

–¿Y es verdad que va a venir aquí esta noche?

–¿Es que vos sois don Luis Mejía?

–No –contesta el hombre muy serio.

–¡Oh, señor! ¡Esos dos caballeros son los más valientes de toda España...!

–¿Los más valientes dices? ¡Los más ladrones y los más mentirosos, digo yo! Estoy aquí porque me interesa mucho verlos esta noche.

–Pues les estoy preparando esta mesa. Si queréis, podéis sentaros aquí, y así podréis verlos durante la cena.

–Bien. Pero quiero verlos sin ser visto, ¿entiendes?

–Eso va a ser muy fácil, señor. Estamos en Carnaval, así que podéis poneros un antifaz. Y, con el antifaz puesto, nadie os reconocerá.

–No es mala idea. Está bien. Tráeme ese antifaz.

Buttarelli sale de la habitación y el visitante se queda solo, paseando nervioso de un lado a otro. Parece preocupado.

«Es imposible. Mi corazón no quiere creer las cosas que oigo decir de don Juan. Pero ¿y si son ciertas...? ¿Y si es verdad esa apuesta de la que habla la gente...? Entonces, prefiero ver a mi hija muerta que casada con un hombre así. Esta noche voy a verlo todo con mis ojos. Sí, debo saber quién es de verdad don Juan Tenorio...»

Buttarelli vuelve con un bonito antifaz azul y negro. El caballero, sin pensarlo más, se lo pone.

«Ya no pueden tardar mucho –piensa–. Son cerca de las ocho. Es la hora. Se termina el tiempo. Ninguno puede llegar tarde. Para ganar la apuesta tienen que llegar los dos con la primera campanada[14] de las ocho.»

El visitante mira en silencio a Buttarelli y se sienta a la mesa. Buttarelli lo mira desde lejos mientras termina de prepararlo todo.

«Yo no me quedo contento –piensa ahora Buttarelli– hasta saber cómo se llama este otro caballero.»

El tiempo pasa despacio. La hostería está en silencio. El caballero parece cada vez más nervioso.

«Es increíble... ¡Un hombre como yo, de buena familia, aquí, en un lugar como éste...! Me parece imposible –se repite sin parar–. Pero ahora sólo me interesa mi pequeña Inés, la joya de mi casa, la flor más dulce de mi jardín. Inés, tan joven, tan sencilla y suave... ¡Por mi vida te digo, hija mía, que nadie va a jugar con tu buen nombre, con tu honor[15]!»

En este momento llega otro cliente a la hostería. Va embozado[16], y Buttarelli sólo puede verle los ojos.

–¿Hay alguien en esta casa? –grita desde la puerta.

«¿Quién es? ¿Quién llama así? ¡Oh, gran Dios, otro extraño entrando en mi casa!» –piensa Buttarelli.

–¿Es ésta la Hostería del Laurel? –pregunta el nuevo cliente.

–Ésta es. Pasad, en ella estáis, caballero.

–¿Está en casa un italiano llamado Buttarelli?

–Estáis hablando con él –contesta Buttarelli–. Esta noche, parece que todo el mundo pregunta por mí.

–Contéstame a esto entonces. ¿Es verdad que esta noche tiene que venir aquí don Juan Tenorio?

–Así es, señor.

–¿Estás esperándolo, pues?

–Sí.

–Entonces, me quedo a esperarlo yo también.

Buttarelli, nervioso, se limpia las manos con la camisa antes de preguntar.

–Señor, ¿queréis tomar algo mientras esperáis a don Juan? Tengo buen vino, buen pan y mejor queso.

–No, hambre no tengo. Sed, tampoco. Pero toma este dinero y perdóname estas preguntas tan extrañas.

–¡Excelencia!

«¡Por Jesucristo, nunca en toda mi vida he visto hombre más antipático que éste! Todos estos caballeros son iguales pero ¡pagan bien! y, además, no piden mucho» –piensa Buttarelli mientras se guarda el dinero.

El nuevo cliente tiene los ojos perdidos y tristes. Por su manera de andar, parece un hombre mayor.

«Debo ver con mis ojos la verdad de todo esto –dice en voz muy baja–. ¡Un hombre de familia tan alta, tan importante como la mía, y estoy aquí, en esta sucia hostería, para poder ver a mi hijo!»

III

La luna enciende cada calle, cada rincón de la ciudad y, allí lejos, se baña en las aguas del Guadalquivir. En la hostería, cada uno en su mesa, los dos caballeros mayores esperan en silencio, mirando hacia la puerta. De repente, varios hombres entran riendo y gritando. Son Avellaneda, un hombre muy simpático y lleno de vida, ejemplo de buen soldado[17], y el capitán Centellas; vienen con unos amigos. Avellaneda y Centellas son viejos clientes de la hostería. Buttarelli los conoce bien. Son, además, grandes amigos de don Juan y de don Luis.

–Capitán Centellas, ¿vos en mi casa? ¡Qué honor!

–Sí, mi querido Cristófono. Pero dime, ¡cómo puedes pensar que yo voy a perderme una fiesta como ésta!

–Es que hace ya tanto tiempo que no os veía...

–Estuve en Túnez[18], con los soldados del Emperador[19]. Pero he vuelto a Sevilla por asuntos de familia, de tierras y de dinero. Estoy contento porque esta noche voy a poder estar con dos viejos y grandes amigos... don Juan Tenorio y don Luis. Pero antes, trae unas botellas para mojarnos la boca. Tenemos sed. Amigos, sentaos. Y vos, Avellaneda, contadnos el final de la historia.

–Está bien –dice Avellaneda–. Pero ya os lo he contado todo. No tengo nada más que decir. Creo que don Juan Tenorio no va a ganar. Yo apuesto por don Luis.

–¡Siempre tan optimista, mi querido Avellaneda! Pero esta vez vas a perder. Don Juan Tenorio, toda Sevilla lo sabe, es el hombre más valiente del mundo. No hay otro igual que él. Yo apuesto por él todo el dinero que tengo.

–De acuerdo pues. Me parece bien la apuesta.

Buttarelli trae algunas botellas: vino de Borgoña, Falerno, Sorrento[20]... Buttarelli ha guardado estas botellas durante mucho tiempo, esperando este momento.

–Caballeros, ¿cuál de estos vinos preferís?

–Todos son muy buenos, pero tráenos esa botella de Borgoña y llena hasta arriba las copas. Y ahora dinos, Buttarelli, ¿qué noticias tienes sobre esta apuesta entre don Luis y don Juan?

–Yo, si debo deciros la verdad, sé muy poco del asunto. Cierto es que en esta casa se hizo la apuesta, pero yo siempre pensé que no iban a volver. Un año es mucho tiempo y casi no me acordaba del asunto. Pero esta tarde entró aquí un caballero. No puedo deciros quién era porque escondía su cara detrás de un antifaz negro y no quiso darme su nombre. Me pidió noticias sobre don Luis. Él ya conocía la historia de la apuesta y estaba seguro de que uno de ellos iba a venir aquí esta noche. Me puso dos doblas de oro en el bolsillo y me dijo: «Buttarelli, prepara unas botellas de tu mejor vino para esta noche». Después se fue sin decir nada más. Yo ya tengo preparada la mesa, la misma mesa del año pasado.

–Ese hombre era don Luis Mejía –dice Avellaneda.

–No, don Juan era –contesta Centellas–. Ya sé que llevaba antifaz, pero dime, Buttarelli, ¿no pudiste saber quién era? Tú los conoces desde hace ya muchos años.

–Sí, capitán, pero yo me olvido siempre de las caras y... Pero miradlo, ahí viene. ¡Es él, con su antifaz negro, y detrás viene otro caballero, con la cara tapada también!

De repente todos se quedan en silencio, escuchando las campanas de la iglesia: son las ocho, las ocho en punto. Ha llegado el momento. Con la última campanada entran los dos hombres con antifaz y se sientan en la mesa que ha preparado Buttarelli.

–Caballero, esta silla está comprada –dice el hombre del antifaz negro.

–Y ésta también, caballero. Es para un amigo a quien estoy esperando –contesta el otro.

–Entonces, vos sois don Luis Mejía.

–Y vos sois don Juan Tenorio.

–Puede ser.

–¡Vamos a verlo de una vez por todas!

Los dos hombres se quitan los antifaces. El capitán Centellas, Avellaneda, Buttarelli y los demás amigos los saludan riendo. Luego se sientan alrededor de su mesa.

IV

En la hostería de Buttarelli todos han callado. Don Juan, por fin, rompe el silencio.

–Empecemos, señores. Pero antes vamos a beber, ¿y ustedes, caballeros, no quieren beber con nosotros, en nuestra mesa?

El caballero embozado y el otro, el que lleva puesto el antifaz azul y negro, le contestan desde su sitio, sin volver la cabeza.

–No, señor, yo estoy bien aquí.

–Yo oigo bien desde esta mesa.

Los demás, entonces, levantan sus copas de vino para beber por don Juan y don Luis.

–Todo empezó porque un día, ya hace un año, en esta misma mesa, yo dije que en España no había nadie tan valiente como yo –explica don Juan.

–Así fue. Y yo os contesté que no había en el mundo nadie mejor que yo –sigue don Luis Mejía–. ¿No es así?

–Así es, eso dijisteis, querido don Luis, e hicimos una apuesta. Decidimos darnos un año de tiempo para buscar y vivir las mayores aventuras. Y hoy estamos aquí, con estos buenos amigos, para ver qué hizo cada uno.

Avellaneda coge una de las botellas y vuelve a llenar las copas. Todos esperan las palabras de don Juan.

–Yo, señores, elegí Italia para ganar esta apuesta. Es tierra de amor y espada. A los italianos les gusta beber y amar. Además, allí está nuestro Emperador con los soldados de España. ¿Dónde puede haber un sitio mejor? Cuando hay soldados, hay cerca juego y amores fáciles. Y así, en Roma, en la puerta de mi casa, puse un papel que decía: «Aquí está don Juan Tenorio. Llamad a esta puerta, si queréis algo de él». No quiero contar la historia entera de esos días. Es demasiado larga. Sabed, sin embargo, que las mujeres estaban a mis pies. Querían amor, y yo las amé. Tuve que salir de Roma vestido de villano, pues muchos maridos querían matarme. En Nápoles puse otro papel en mi puerta que decía así: «Aquí está don Juan Tenorio, y no hay hombre igual a él». Nadie podía ganarme ni en el juego, ni con la espada, ni en amores. Durante este medio año que estuve en esa ciudad, maté a más hombres de los que puedo acordarme, les robé el dinero y engañé[21] a sus mujeres. Entré en las casas de los pobres y en los palacios[22] de los ricos: nadie se olvida de mí. Aquí, en este papel, lo traigo todo escrito.

–Leedlo, pues –dice don Luis un poco nervioso.

–No, primero vuestra historia –contesta don Juan.

–Está bien. Ahora vais a oír mi historia. Yo me decidí por Flandes, pero tuve muy mala suerte. Hacía sólo un mes que estaba allí, cuando perdí todo mi dinero y, como no llevaba una dobla en el bolsillo, nadie quería tenerme entre sus amigos. Entonces me fui con unos ladrones. ¡Por Dios que fueron buenos días! Hicimos grandes trabajos en muchas ciudades, sobre todo en Gante. Sí, dejamos limpia la ciudad..., sin una dobla de oro. Robamos hasta en las iglesias... Todo fue bien hasta que, un día, el jefe de los ladrones intentó quedarse con mi parte del dinero. Peleamos y lo maté con mi espada. Los otros ladrones me hicieron su jefe. Pero cogí todo su dinero y me marché de allí. Más tarde llegué a Alemania. Allí, un cura me reconoció. Tuve que matarlo. Después me fui a Francia.

Entré en las casas de los pobres y en los palacios de los ricos: nadie se olvida de mí. Aquí, en este papel, lo traigo todo escrito.

¡Buen país! Allí hice igual que vos en Italia. Puse en mi casa de París un papel que decía: «Aquí hay un don Luis que vale por más de dos. Va a estar aquí algunos meses, y ha venido para amar a las francesas y matar a los franceses». No quiero contar más. Yo también lo traigo todo escrito en este papel. Sólo me queda decir que yo estaba siempre donde había peligro y engaño. Ahora, quiero daros a todos una noticia: mañana me voy a casar con doña Ana de Pantoja y quiero invitaros, don Juan.

–Dicen que es una mujer muy rica –dice Avellaneda.

–Cierto es. Tres veces perdí este año mi dinero, y ahora voy a ser rico otra vez. Aquí tenéis el papel donde está escrita la historia de estos días. Leed –termina diciendo don Luis.

–Vuestra historia, don Luis, es muy parecida a la mía. Decidir quién es el mejor va a ser difícil... Os propongo contar el número de amores, engaños y muertes de cada uno. Así podremos saber quién ha ganado la apuesta.

–Me parece bien.

Unos quedan en silencio. Otros hablan entre ellos. A todos les parece bien la idea. Primero cuentan los muertos. Don Luis tiene veintitrés; don Juan, treinta y dos. Gana don Juan. Después cuentan las mujeres amadas. Don Luis tiene cincuenta y seis; don Juan, setenta y dos.

–¡Por san Andrés, pierdo otra vez! ¡Es increíble, don Juan! ¡Desde la hija de un rey a la hija de un villano!

–Es verdad. Hasta ahora, ninguna mujer me ha dicho nunca que no –dice don Juan sonriendo.

–Una sí –discute don Luis, muy serio.

–¿Quién?

–Una novicia[23], don Juan. No veo escrita ninguna.

–¡Bah! ¿Eso queréis? Es fácil para mí. Y voy a hacer más: os digo que voy a conseguir no sólo el amor de una novicia, sino también el de la novia de un amigo... Y ya que vos, don Luis, sois amigo, y vais a casaros mañana, esa novia bien puede ser... doña Ana de Pantoja.

–¿Cómo podéis decir una cosa así delante de mí?

–No es una broma, don Luis. Es una apuesta.

–¡Pues adelante con la apuesta! Pero no vais a poder quitarme a doña Ana, ¡y pongo mi vida en juego!

V

UN minuto después, don Luis llama a Gastón, su criado, y le dice algo en voz muy baja. Gastón sale corriendo de la hostería. Don Juan, a su vez, llama a Ciutti, quien sale también rápidamente a la calle. De repente, uno de los caballeros que, en silencio, lo observaban todo desde sus mesas, se levanta y se acerca a don Juan y a don Luis. Es fuego lo que brilla en sus ojos, detrás del antifaz azul y negro.

–Señores, no os mato como a villanos que sois porque la espada pesa ya demasiado para mis manos. He oído bastante y me voy. Pero antes escuchad bien, don Juan, cada palabra que os digo. Vuestro buen padre, don Diego Tenorio, os quería dar a mi hija por mujer y yo, hasta hace poco, estaba de acuerdo con él. Pero empecé a oír cosas horribles sobre vos y hoy he venido aquí para saber la verdad. Ahora sé que en toda Sevilla no hay hombre peor que vos.

–¡Por Satanás[24]! –grita don Juan–. No entiendo cómo he podido escuchar esas mentiras que salen de tu boca sin sacar la espada. ¡Termina ya con este juego y di pronto quién eres!

El caballero, mirando todavía a don Juan, se quita el antifaz.

–¡Don Gonzalo de Ulloa, el padre de doña Inés!

–Ése soy yo. Adiós, don Juan. No quiero gastar mi tiempo con vos. Ya he visto demasiado. No quiero oír más. Os lo aviso: desde hoy deberéis olvidaros de doña Inés. Ella nunca será vuestra. Antes prefiero matarla o morir. Mejor estará mi hija dentro de la sepultura[25] que en vuestras sucias manos.

–Me hacéis reír, don Gonzalo. Todavía no entendéis con quién estáis hablando. Acordaos de esto que yo, don Juan Tenorio, os digo: ¡Por Dios, o me dais a doña Inés o tendré que robárosla! Ya está dicho. Todos lo han oído bien. Sabed, además, que para ganar la apuesta debo conseguir una novicia. Quizá vuestra hija Inés...

Cuando oye estas palabras, el segundo caballero se levanta de la mesa, fuera de sí[26].

–¡Por todos los santos, don Juan! ¡Ya no puedo oírte más! Cree que me da mucha pena verte así. Parece que no te asustas de nada ni de nadie. ¡Hablar de esa manera de cosas tan importantes...! Así no podrás ganar el cielo. No, Dios no podrá perdonarte. Yo no podía creer las cosas que decían de ti. Por eso vine aquí esta noche, para verlo con mis ojos. Ahora siento mucho haber venido. Sigue así, tú lo has querido. Ríete del mundo, don Juan, pero olvídate de mí para siempre. Yo ya no te conozco. No quiero volver a saber nada de ti. Pero acuérdate de que hay un Dios que hace justicia[27], don Juan.

–Esperad. ¿Quién me habla así? Vuestra voz no me es extraña. Yo os conozco. Quitaos esa capa y no escondáis más la cara.

–Eso, nunca.

Pero don Juan, sin esperar más, le quita la capa.

–¡Villano! ¡Me has puesto la mano en la cara! –grita el caballero.

–¡No puede ser! ¡Por Cristo! ¡Es mi padre!

–No, ahora sé que no lo he sido nunca. Los hijos como tú son hijos de Satanás.

–Don Diego, la fiesta ya ha terminado. Vámonos. No tenemos nada más que hacer aquí –dice don Gonzalo cogiendo del brazo a don Diego Tenorio y conduciéndolo hacia la puerta.

–Está bien, don Gonzalo. Vámonos pronto de aquí. Adiós, don Juan. Yo te perdono. Pero no quiero verte más.

–No busco vuestro perdón. Olvidaos, pues, de mí. No voy a cambiar por vos: don Juan siempre va a vivir como vivió hasta este día.

VI

DON Juan sale sin despedirse de nadie. En la calle, encuentra, para su sorpresa, a guardias esperándolo. Don Luis sale de la hostería y se acerca a él riéndose.

–¡Ja, ja, ja! ¡Pobre don Juan! No entendéis nada, ¿verdad? Pues es muy sencillo. Mi criado ha avisado a la Guardia. Ya no podréis ganar la apuesta, porque vais a dormir en la cárcel y mañana ya será muy tarde.

Don Luis cruza la calle, riéndose todavía. Pero su risa se corta de repente cuando ve venir, a lo lejos, nuevos soldados. Nada puede hacer. Vienen a buscarlo. También él va a pasar la noche en la cárcel. De camino hacia ella se cruzan los dos caballeros.

–¡Ja, ja, ja!, Mejía, ¿qué os ha pasado? ¿Por qué ponéis esa cara? Es sencillo de entender. Mi criado también ha llamado a la Guardia. Lo siento, pero ya no podréis casaros mañana. ¡Esta noche vos tampoco vais a ser libre! Y la apuesta sigue adelante –dice don Juan.

Mucha gente los sigue calle abajo: el capitán Centellas y Avellaneda entre otros amigos y vecinos. Todos se preguntan qué va a pasar ahora. Avellaneda sigue apostando por Mejía. Centellas lo hace por Tenorio.

VII

POCO después, no muy lejos de la casa de doña Ana de Pantoja, dos hombres se encuentran en una calle oscura.

–Pero, yo os conozco... ¡Sois don Luis! ¡No puedo creerlo! Pensaba que estabais en la cárcel. Vos y don Juan Tenorio... Yo soy Pascual, señor, el criado de doña Ana.

–Eso me parecía. Ya estoy libre, Pascual. Un pariente mío ha pagado para sacarme de allí. Pascual, escúchame ahora. ¿Quieres ayudarme en un difícil asunto?

–Hasta la muerte, mi señor, ya lo sabéis. Sólo tenéis que decirme qué hay que hacer.

–Me preocupa don Juan Tenorio. Esta noche quiere quitarme a doña Ana.

–¡Por la Virgen del Pilar[28]! ¿Qué estáis diciendo, don Luis? Ese hombre no es un caballero, es el peor de los ladrones. Pero estad tranquilo, señor, yo os voy a ayudar.

–Eres valiente, Pascual. Pero no conoces a don Juan. No hay en todo el mundo un hombre más peligroso.

–Olvidáis, don Luis, que soy de un pueblo de Aragón, una tierra de hombres valientes. Todos esos caballeritos me hacen reír. Sólo pueden asustar a mujeres y a pobres viejos. Y no lo digo por vos, que sois un caballero y tenéis buen corazón. Sin embargo, también os gustan demasiado las mujeres...

–Pues en eso, Tenorio es igual que yo.

–Pero ahora está en la cárcel. ¿No es así?

–¡Ojalá! También yo estaba en la cárcel y ahora estoy fuera. Hay que estar preparados, Pascual.

–¿Qué tenemos que hacer, señor?

–Debo pasar la noche en casa de doña Ana. No hay que dejarla sola. Sólo así puedo estar seguro de ella.

–¡Pero, don Luis, todavía no sois su marido...!

–¿Y qué? ¿No voy a casarme con ella mañana? Además, doña Ana es una gran señora, pero también es una mujer...

–Cuidado con vuestras palabras, señor.

–Me estás entendiendo mal. Yo quiero a doña Ana. Por eso no quiero verla en brazos de don Juan.

–Está bien. Podéis pasar la noche en la casa. Pero os quedaréis conmigo, en mi habitación. Y tendréis que estar muy callado. ¿Qué os parece la idea, don Luis?

–Bien. Entremos ya en la casa.

–¿Ahora? No, señor. Todavía no. Hay que esperar, don Gil de Pantoja, su padre, se acuesta a las diez. Ésa es la mejor hora para entrar. Todo queda en silencio. Mirad. En esa calle estrecha hay una ventana. Llamad a las diez, don Luis, y quedaos tranquilo. Hasta luego entonces.

–Adiós, Pascual. Hasta luego.

VIII

DON Luis sigue allí, en la calle de doña Ana. Pasea nervioso de un lado a otro. El tiempo pasa demasiado lentamente y él siente miedo. La noche le parece ahora más oscura que antes. No hay nadie en la calle, sólo la blanca luna moviéndose entre los árboles. Don Luis está preocupado. Desde que el honor de doña Ana está en peligro, le parece amarla más que antes todavía.

«Parece imposible –piensa en silencio–. Un hombre como yo, tan duro para el amor, que ha conocido tantas mujeres, ¡y no puede esperar a las diez! Voy a acercarme a la ventana.»

–¿Quién va[29]? –pregunta doña Ana.

–Pascual, ¿eres tú? –pregunta a su vez don Luis, que no ha reconocido la voz de su amada.

–¡Don Luis!

–¡Doña Ana!

–¿Qué está ocurriendo? –se sorprende doña Ana–. Decidme, ¿por qué llamáis a la ventana y no a la puerta, como es costumbre?

–¡Ay, doña Ana, señora de mi corazón! ¡No sabéis las ganas que tenía de veros! Sabed que estáis en peligro y yo con vos, pues hay un hombre que quiere robar vuestro honor.

–No entiendo de qué tenéis miedo. ¿Es que no estáis seguro de mí? ¿No sabéis que yo sólo os amo a vos?

—¡Ay, doña Ana, señora de mi corazón! Sabed que estáis en peligro y yo con vos, pues hay un hombre que quiere robar vuestro honor.

–Doña Ana, no es eso. No podéis entenderlo. Ese hombre es un villano, un mal pájaro, un hijo de Satanás.

–No os preocupéis, que aquí estoy segura. Dormid tranquilo, don Luis.

–Esperad, señora, por favor. Escuchadme bien. Voy a pediros un favor. Quiero esperar el día con vos, aquí, en vuestra casa.

–¡Pero, don Luis! Todavía no estamos casados. ¿Tanto miedo tenéis a ese hombre?

–No tengo miedo a su espada. Pero en asuntos de mujeres usa armas peligrosas que no son de caballeros.

–Está bien. Podéis entrar a las diez –dice por fin doña Ana–. Venid a esa hora y os daré la llave para entrar.

Mientras, muy cerca de allí, don Juan y su buen criado Ciutti se acercan andando hacia la casa de doña Ana de Pantoja. Tampoco don Juan ha tenido problemas para salir de la cárcel. Sólo tuvo que cambiar algunas palabras con un amigo importante y unos minutos después ya estaba fuera. Ciutti ya ha llevado a Brígida, la criada de doña Inés, la carta de don Juan a su amada. Éste tiene ahora en su mano la llave para entrar en el convento. Brígida está avisada. Todo está preparado.

IX

La ciudad duerme tranquila creyendo que don Juan sigue en la cárcel. Pero don Juan corre libre por las calles de Sevilla. Ni doña Inés ni doña Ana saben que está de camino. Pero, silencio, Ciutti ha visto a un hombre a lo lejos. ¡Es don Luis Mejía! Ciutti avisa a don Juan y éste organiza a sus hombres.

–Ya sabes, Ciutti. Debéis coger a don Luis y llevarlo después a mi bodega[30]. Allí dentro no tiene amigos.

Ciutti y sus hombres dan la vuelta a la casa por otra calle para alcanzar a don Luis por detrás. Don Juan se queda solo. Está nervioso. Va a ser una noche muy larga y tiene muchas cosas que hacer. No puede esperar. Se acerca embozado hacia don Luis. Parece una sombra...

–¿Quién va? –pregunta don Luis.

–¡Quien va! –contesta don Juan.

–¿Y eso qué quiere decir?

–Que quiero pasar.

–No podéis. Ésta es la casa de doña Ana de Pantoja.

–Y ¿quién lo prohíbe?

–Yo, don Luis Mejía. ¿Me conocéis?

–Sí.

–¿Y yo a vos?

–Los dos nos conocemos bien.

–Ahora lo sé. ¡Sois don Juan!

–Así es. ¡Quitaos de mi camino!

–Estabais en la cárcel. ¿Cómo pudisteis salir?

–De la misma manera que vos, querido don Luis. Ahora ya lo sabéis: vais a perder la apuesta.

–Pronto vamos a verlo. ¡Sacad vuestra espada!

Don Luis saca su espada y empieza a andar hacia don Juan cuando Ciutti lo coge por la espalda.

–¡Villanos! ¡Ayuda! ¡A mí! –grita don Luis. Y Ciutti, para apagar sus gritos, le pone la mano en la boca.

–Adiós, don Luis –dice riéndose don Juan–. Esta noche vais a dormir en mi bodega. Felices sueños. La apuesta está ya en mi mano.

«Esta noche la suerte está a mi favor –piensa con satisfacción–. Todo va saliendo bien. Mientras yo le quito la mujer, él estará en mi bodega sin saber cómo salir. ¡Ja, ja, ja! ¿Y doña Ana? ¡Pobre suerte la suya! No va a darse cuenta del cambio. Creerá que yo soy don Luis. Y después de visitarla, ¡ja, ja, ja!, ¡se va a quedar soltera para toda la vida! La noche es amiga mía. Yo llevé a la cárcel a Mejía y él me llevó a mí. Los dos salimos. Sólo que él va ahora a otra cárcel peor: la cárcel de don Juan Tenorio. Pero el tiempo pasa. Debo darme prisa. Tengo que hablar con Lucía, la criada de doña Ana.»

X

MIENTRAS don Juan busca a Lucía oye, muy cerca de él, un ruido entre los árboles. Parece que alguien se acerca en silencio. Levanta la cabeza y mira. Sí, alguien viene, una mujer...

–¿Caballero? –pregunta la mujer.

–¿Quién me llama, así, en medio de la noche?

–¿Sois don Juan?

–Sí, y tú... ¡Eres Brígida, la criada de doña Inés! En este momento no me acordaba de ti.

–¿Estáis solo?

–Con Satanás estoy.

–¡Jesucristo! ¡Qué bromas las vuestras! ¡Por Dios! ¿Es que yo os parezco Satanás?

–Así lo creo, Brígida. Sois tan inteligente como él.

–¡Qué cosas decís! Yo, una pobre mujer... Vos, don Juan, sí sois como Satanás –dice Brígida sonriendo.

–Un Satanás que sabe llenarte de oro el bolsillo...

–Mientras nosotros hablamos, doña Inés, mi señora, seguro que está leyendo vuestra carta de amor.

–Y dime, Brígida, ¿ya has hablado con ella? ¿La has preparado para mi llegada?

–Sí. Estad tranquilo, don Juan. Y le he hablado con palabras tan dulces que está segura de vuestro amor. Ahora doña Inés es como un perrito que sólo quiere comer en la mano de don Juan.

–Pero ¿es posible cambiar así, de la noche a la mañana?

–Así es, mi señor; Inés, como ya sabéis, sólo tiene diecisiete primaveras. Es, en verdad, muy joven. Siempre ha vivido en el convento, sola entre mujeres. No conoce la vida y menos a los hombres. «Aquí está Dios» –le dijeron– y ella dijo: «Aquí lo quiero», y pensó que en el mundo no había nada mejor. Pero yo le hablé del mundo, le expliqué cómo erais vos, valiente, rico, amable con las mujeres... Le dije, además, que vos sois el hombre que su padre eligió para ella. Que estáis muerto de amor. Que no podéis vivir sin ella, y que estáis decidido a perder la vida y hasta el honor por ganar su corazón.

–Y dime, ¿sigue tan guapa?

–Como un ángel[31] del cielo. En fin, como veis, don Juan, mis palabras han despertado esos sueños de mujer. Ella os ama y no piensa más que en vos.

–¡Por Dios, tus palabras son como música para mí! Es muy extraño, un fuego nuevo que antes no conocía se enciende dentro de mí. Todo esto empezó con una apuesta entre Mejía y yo. Siguió como una aventura más y hoy es algo que va ocupando mi corazón como una fruta desconocida. Estoy herido de amor. ¡Qué es un convento para don Juan Tenorio! Nada. Sus paredes son de arena y don Juan es el viento que las rompe. ¡Oh, Inés, sencilla flor cerrada todavía a mis besos! Yo voy a llevarte al jardín de mis amores. ¡Niña mía, clavel de azúcar, pálida sombra que va a caer esta noche en los brazos de don Juan!

–Señor. Ahora sí que no entiendo nada. Yo creía que vos erais un hombre sin corazón, duro como una piedra. Pensaba que sólo buscabais a las mujeres para divertiros con ellas. Pero ahora me doy cuenta de que no es así.

–¿Y no está claro, Brígida, que por una mujer tan maravillosa debo interesarme más que por otras?

–Eso es verdad, mi señor.

–Pero dime, Brígida, ¿a qué hora se van a dormir las monjas[32] del convento?

–A estas horas, don Juan, ya están dormidas. Ya está todo preparado. Podéis venir a las nueve. Primero tenéis que cruzar, con mucho cuidado, el jardín del convento. Después entraréis en el edificio con la llave que os he mandado con Ciutti. Una vez dentro, tenéis que subir una escalera y luego seguir por un pasillo bastante oscuro. Al final de ese largo pasillo está su habitación.

–Te doy las gracias por todo. Con tu ayuda esta noche voy a poder tener entre mis brazos a la joya más cara de Sevilla. Ahora ve y espérame allí.

–Adiós, don Juan. Hasta después.

XI

CIUTTI se acerca corriendo a su señor.

–Señor, ya estoy de vuelta. No hemos tenido problemas para meter a don Luis en la bodega.

–Muy bien, Ciutti. Buen trabajo. Ahora tengo que encontrar a Lucía, la criada de doña Ana.

–Acercaos a la ventana, señor. Yo conozco bien a Lucía. Así que, si queréis, yo la llamo y vos habláis con ella.

Ciutti se acerca a la ventana con don Juan y da tres golpes secos.

–Ella conoce bien esta llamada –explica Ciutti bajito–. Ya veréis cómo nos abre en un minuto.

La ventana se abre y sale Lucía.

–¿Qué queréis, vamos a ver? Éstas no son horas de llamar a una casa.

–Quiero ver a tu señora –contesta don Juan.

–Eso no puede ser, señor. Venís en mal momento. ¿Es que no sabéis que mi señora se casa mañana?

–Sí, claro que lo sé. Toda Sevilla lo sabe. Pero hoy no es mañana, Lucía, y yo debo estar esta noche con doña Ana. Ella se casa mañana. Mañana... es otro día.

–No os entiendo, caballero. ¿Ella os espera...?

–Es posible.

–Y ¿qué tengo que hacer yo para ayudaros?

–Abrir, Lucía, abrir.

–¿Por nada?

–Por oro.

–¿Por cuánto, señor?

–¿Crees que cien doblas de oro podrán abrir esa casa?

–¡Jesús! Sois un hombre muy rico. ¿Cómo os llamáis, caballero? Todavía no sé vuestro nombre.

–Don Juan Tenorio.

–¡Santa Virgen! ¡Don Juan Tenorio! He oído hablar de vos. No. No puedo abriros. Es muy peligroso.

–Quizá estas doscientas doblas de oro que ahora meto en tu bolsillo pueden hacerte olvidar el peligro...

–¡Jesús! ¡Nunca he visto tanto oro junto! Está bien, don Juan. Pero me hace falta algún tiempo para organizar la entrada. A las diez. Volved a las diez.

–Y ¿dónde te busco?

–Aquí. Pero no lleguéis con retraso. Recordad que os espero aquí a las diez en punto. Adiós, rico don Juan.

–Adiós, Lucía.

Don Juan mira la luna sobre el limpio cielo.

«Ahora sólo hay que esperar –piensa sonriendo–. Con oro no hay casas cerradas. Con oro se abren todas las puertas. Deprisa, don Juan, que hay poco tiempo. A las nueve en el convento y a las diez en esta casa.»

XII

EL convento es un viejo edificio de piedra gris. Dentro quedan pocas luces encendidas. Todas las novicias están ya durmiendo. Todas menos doña Inés. Esta noche la madre abadesa[33] ha venido a su habitación.

–Inés, querida niña, escuchad. Vuestro padre, don Gonzalo, hombre amable, gran caballero, quiere que os quedéis aquí para siempre. Así lo ha decidido. Sois joven, tímida y buena. Siempre vivisteis aquí. Tenéis suerte. El mundo está lleno de malas personas. Pero vos sois como un suave pájaro que come de nuestro pan. No habéis salido nunca de aquí. Sólo conocéis este trozo de cielo que veis por vuestra ventana o desde el jardín. Sois como una flor amable que no conoce los vientos de la ciudad. Dormís en una sencilla cama y no sabéis nada del amor de los hombres...

Doña Inés no está escuchando las palabras de la madre abadesa. Tiene los ojos perdidos en el cristal de la ventana.

–Pero, niña, ¿qué os pasa esta noche? ¿Por qué no me contestáis como otras veces? ¿Por qué estáis tan pálida y no me miráis a los ojos? Parecéis triste o preocupada. ¿Qué ocurre? Miradme. ¿No sonreís? Ahora bajáis la cabeza. ¿Os sentís mal? Contestadme.

Doña Inés no le da ninguna respuesta.

–¡Ah, ya sé qué os pasa! Ahora lo entiendo. Estáis preocupada porque Brígida todavía no ha vuelto al convento. Es que ha ido a casa de vuestro padre, pero muy pronto subirá a veros. Debéis acostaros enseguida, que ya es tarde. Las otras novicias ya están durmiendo desde hace tiempo y vos debéis darles buen ejemplo. Buenas noches, pues.

–Id con Dios, Madre.

–Adiós, hija.

Doña Inés tampoco sabe qué le está pasando. Vienen a su cabeza miles de ideas que antes no tenía. Está nerviosa, pero no sabe por qué. Es verdad. Otras noches, cuando la Madre le hablaba de quedarse en el convento para siempre, ella la escuchaba con mucho interés. Pero hoy está triste. Se acuerda de don Juan. Sólo lo ha visto una vez, pero ha sido bastante para no poder olvidarlo. Ahora tiene muchas ganas de hablar con Brígida. Ella siempre ha sabido escucharla.

XIII

BRÍGIDA entra en la habitación. La cara de doña Inés se llena de alegría.

–Buenas noches, doña Inés.

–Brígida, ¿cómo has tardado tanto?

–Antes de hablar, voy a cerrar la puerta.

–Está prohibido cerrarla. Ya lo sabes.

–Eso está muy bien para las otras novicias pero no para vos, doña Inés.

–¡Brígida! ¿Qué dices?

–¡Bah! Olvidad ya vuestros miedos. Vamos a hablar de cosas importantes. ¿Habéis mirado el libro que os he traído?

–Ay, Brígida, perdóname. Se me ha olvidado. Es que la Madre entró sin avisar, empezó a hablarme y...

–¡Qué vieja más aburrida!

–¿Tan interesante es ese libro?

–El libro, no. La carta que hay dentro, sí.

–¿De quién es la carta?, dime.

–De don Juan.

–¡Por todo el cielo! ¡Una carta de don Juan!

–Así es.

–Entonces yo no debo abrirla.

–¡Pobre caballero! Inés, no podéis hacerle eso. Él está enfermo de amor por vos y así vais a matarlo.

–¿Qué estás diciendo? ¿Tan importante soy para él?

Doña Inés, tímidamente, coge el libro y lo mira.

–¡Qué bonito es!

–Pero ¿es que no vais a leer la carta?

–Sí. ¡Ahora la leo!

Doña Inés abre el libro y la carta cae al suelo.

–¿Qué es esto?

–Un papelito. ¿No lo veis?

–¡Una carta!

–Claro. Ya os lo he dicho antes.

–¿Y la ha escrito él?

–Pero, niña... ¡Pues claro! Es una carta de él.

–¡Ay, Jesús! ¡Qué mal me encuentro!

Doña Inés está pálida y tiene las manos húmedas y frías. No puede leer. Está demasiado nerviosa. Brígida sonríe. Ya sabe que doña Inés ha caído en sus engaños.

–¿Qué os pasa? Nunca os he visto así antes.

–No sé, Brígida. No sé qué tengo. Pero seguro que estoy enferma. Cruzan por mi cabeza miles de sombras que no conozco.

–¿Y tienen esas sombras la cara de don Juan?

–No lo sé. Pero desde que lo vi, Brígida mía, y tú me dijiste su nombre, tengo a ese hombre metido en mi cabeza. Es como un sueño. Un sueño agradable... Mi corazón va con él. Vivo fuera de mí. En todas partes busco sus ojos.

–¡Vive Dios! No me equivoco. Eso es amor, doña Inés.

–¡Amor has dicho!

–Sí, amor.

–No, no puede ser verdad.

Doña Inés se queda en silencio. Sus ojos, sin quererlo, buscan la carta.

–Señora, vamos, empezad ya a leer.

–Pero es que la miro y sé que no debo leerla.

–Doña Inés, abrid la carta. No seáis niña.

–*Doña Inés del alma*[34] *mía* –Virgen Santa, ¡qué palabras para empezar!–, *vos sois la luz que el sol bebe para ser el sol, pájaro sin cielo, arena de mi playa. Sólo pido una cosa a vuestros dulces ojos: leed esta carta hasta el final, antes de enfadaros con don Juan.*

–¡Qué sencillo y qué profundo!

–Brígida, no sé qué me pasa, pero no puedo leer más.

–Leed despacio. Seguid, niña mía.

–*Nuestros padres decidieron nuestra suerte. Vos vais a ser mi mujer y yo vuestro marido. Yo, creedme, vivo feliz desde ese día, esperando la hora de estar para siempre a vuestro lado. El tiempo y vuestro silencio no pueden apagar mi sed de amor. Vos sois el fuego que mueve mi corazón, el sol de mis días, la rosa de mi amor. Inés, alma de mi vida, oscura joya del mar, pájaro tímido robado al cielo. Quiero creer que vos también estáis triste sin mí. Acordaos de don Juan, que os espera todavía. Acordaos de este hombre que llora día y noche, al pie de vuestra ventana. Acordaos de don Juan que vive sólo por vos, vida mía, y que sólo tiene ojos para Inés. Me habéis robado el sueño. Adiós, luz de mi vida, Inés de mi alma, adiós. Pensad, antes de romper la carta, en estas palabras que os digo. Llamadme pronto a vuestro lado. Sólo eso quiero de Dios. Ya sabéis que don Juan lo puede todo por vos...* ¡Por Dios!, ¿es que ese hombre no va a dejarme tranquila? ¡Ese nombre, Brígida, esa sombra, está siempre en mi cabeza!

Las campanas de las nueve, rompiendo el silencio de la noche, asustan a doña Inés. Brígida se acerca a ella y la coge de la mano.

–¿Oís, doña Inés, las campanas de las nueve? Ahora, niña mía, quedaos tranquila y no habléis más de ese hombre.

–Pero ¿por qué?

–Porque puede llegar de un momento a otro.

–¡Cielo santo! ¿Es que don Juan es una sombra que puede cruzar las paredes del convento?

–No, señora. Sólo es un hombre que os quiere. Pero, esperad, alguien viene... Está subiendo por la escalera... Ahora oigo algo en el pasillo... ¡Señora, ya está aquí!

XIV

De repente, la puerta se abre y entra don Juan. Doña Inés se queda pálida como el papel.

–Pero... ¿qué es esto? –grita doña Inés–. ¿Un sueño? ¡Mis ojos no pueden creerlo! ¿Es verdad esto que veo? ¡Sombra, vete de aquí!

–¡Inés de mi corazón! ¡Estamos juntos, por fin!

Doña Inés se desmaya[35] en brazos de don Juan. La carta que tenía entre las manos cae al suelo.

–Cree que sois una sombra –explica Brígida–. Inés está enferma, enferma de amor por vos.

–Vamos, Brígida, ayúdame. Tengo poco tiempo. Tenemos que salir pronto de aquí.

–Pero, don Juan, ¿es que queréis llevárosla de aquí?

–¿Qué pensabas? ¿Para qué crees que me he jugado la vida entonces? Ahora que estoy dentro del convento, no voy a dejarla aquí. Mi gente me espera abajo. Ven.

–Vamos, Brígida, ayúdame. Tenemos que salir pronto de aquí.
–Pero, don Juan, ¿es que queréis llevárosla de aquí?

XV

LA madre abadesa pasea por el convento. Le ha parecido oír ruidos extraños en la habitación de doña Inés. Entra en ella, pero no encuentra a nadie. Una monja está esperándola en el pasillo. Viene a decirle que un hombre mayor, un caballero, quiere hablar con ella.

–Madre, dice que es caballero de Calatrava[36]...

–Y ¿cómo viene a estas horas de la noche?

–Dice que lo trae aquí un asunto muy importante.

–¿Dijo su nombre?

–Sí. Es don Gonzalo de Ulloa.

–¡El padre de doña Inés! Abridle, hermana.

La Madre lo recibe en la habitación de doña Inés.

–Perdonad, Madre. Éstas no son horas de venir, pero está en juego mi honor y quizá también mi vida.

–¡Jesús!

–Oíd. Yo guardé aquí dentro, hasta hoy, a la joya más preciosa de mi familia: a mi hija Inés.

–De ella quería hablaros, don Gonzalo. La encuentro un poco extraña estos días.

–Escuchadme primero. He sabido hace un momento que han visto a Brígida, su criada, hablando con un criado de don Juan Tenorio. Hace unos años yo pensé casar a Inés con don Juan, pero hoy he ido a decirle que eso es imposible. Él está fuera de sí. Me ha contestado que no le importan mis palabras, que si no le doy libremente a Inés, de alguna manera la llevará consigo. Estoy casi seguro de que Brígida lo sabe todo y está comprada por él. He venido aquí esta noche a avisaros del peligro. Inés debe hacerse monja enseguida. No hay otra solución.

–Comprendo vuestro miedo, don Gonzalo, pero éste es un lugar seguro.

–¡No conocéis a don Juan! Yo sí. Por eso quiero hablar con Brígida. Mi hija es muy joven y no entiende los peligros del mundo. Vamos a verlas a su habitación.

–En ella estamos. Ésta es su habitación.

–Pero, entonces, ¿dónde está Inés?

–La oí salir de aquí hace un momento. Pero no os preocupéis. Mandaré a una hermana a buscarla.

Don Gonzalo se lleva las manos a la cabeza. Está cada vez más pálido. Siente que va a desmayarse. Ahora sí está preocupado de verdad. En este momento ve un papel en el suelo y lo recoge. Es una carta. *Doña Inés del alma mía...* Todo está claro. Don Juan se ha llevado ya a su hija. De repente llega la monja portera. Viene corriendo, buscando a la Madre. Ha visto cómo un hombre salía del convento llevando a alguien en brazos.

–¡Corramos! ¡Ése era don Juan con mi hija!

XVI

EN la casa de don Juan, al otro lado del Guadalquivir, Ciutti y Brígida descansan por fin.

–¡Ay, Ciutti, qué nochecita! ¡Por todos los santos! Me duele todo. Casi no puedo mover las piernas. Ya soy mujer vieja para estas aventuras. ¡Salir así del convento, en mitad de la noche, corriendo como ladrones!

Doña Inés duerme en la habitación de al lado. Don Juan no está en la casa. Se ha marchado a la ciudad. Allí lo esperaba otro asunto –con doña Ana de Pantoja– pero no tardará en volver. Al pie de su casa, junto al río, tiene un barco preparado para viajar a Italia con doña Inés...

En este momento doña Inés se despierta de su largo sueño y entra en la habitación donde se encuentran Brígida y Ciutti. Ciutti se marcha de allí corriendo. Es mejor dejarlas solas...

Doña Inés mira a su alrededor. Los muebles, los armarios, los libros..., todo le parece nuevo. No sabe dónde está.

–Dios mío. ¡Qué sueños tan extraños he tenido! ¿Qué hora es? ¿Qué ha pasado, Brígida? ¿Dónde estamos? ¿Quién me ha traído hasta aquí?

–Don Juan.

–¡Siempre don Juan! Entonces, ¿ésta es su casa?

–Eso es. Estabais en el convento leyendo una carta de don Juan. ¿Os acordáis?

–De eso sí.

–Bueno, pues de repente empezó un horrible incendio[37].

–¿En el convento?

–Sí. Muy grande. Imposible de apagar. Las dos estábamos allí, muy cerca de la muerte, sin poder salir... El fuego llegaba casi hasta nuestras camas, cuando, de repente, en medio del fuego se presentó, no sé cómo, don Juan –que ya sabéis cuánto os ama–. Entró en el convento y nos sacó de allí. Vos, cuando visteis a don Juan, os desmayasteis, y él os recogió en sus brazos. ¿Dónde podíamos ir a esas horas de la noche? Pues a casa de don Juan. Y aquí estamos desde entonces.

–¿Es eso cierto? Yo no me acuerdo de nada... Pero, rápido, Brígida, tenemos que irnos enseguida de aquí. No podemos quedarnos en esta casa. Mi sitio está en casa de mi padre.

–Estoy de acuerdo con vos, pero el asunto es que...

–¿Qué?

–Que no podemos irnos, Inés. No estamos en la ciudad. Estamos al otro lado del río Guadalquivir, bastante lejos de Sevilla.

Doña Inés tiene miedo entre estas paredes. Nunca, hasta esta noche, ha salido del convento. No puede olvidar que ella es de una importante familia. Sabe, además, que la casa de un hombre soltero no es el mejor lugar para una mujer.

–Tenemos que irnos, Brígida, nos tenemos que ir.

–Pero, doña Inés, este caballero os ha salvado[38] la vida...

–Sí, pero también me ha robado el corazón.

–¿Entonces lo amáis?

–No sé. Todavía puedo olvidarlo. Rápido, Brígida, vámonos ya de aquí. Sólo lo he visto una vez, pero tú, a todas horas, venías a hablarme de él. ¿Quieres de verdad saberlo? Pues bien, sí, lo amo. Pero sé que no está bien. Tenemos que salir de aquí enseguida.

Pero ya es demasiado tarde. Don Juan está llegando con su barco por el río. Brígida lo ve desde la ventana. Ya ha llegado. Ya está en tierra y se acerca hacia la casa.

–Doña Inés, ¿no creéis que antes de irnos debemos darle las gracias a don Juan?

–Está bien. Pero será sólo un momento. Enseguida volveremos a la ciudad. No quiero volver a verlo ni oírte hablar más de él.

XVII

DON Juan entra en la habitación.

–¿Adónde vais, doña Inés?

–Dejadme salir, don Juan.

–Señor –dice Brígida–, mi señora Inés ya sabe qué ha pasado esta noche en el convento, el horrible asunto del incendio..., y quiere daros las gracias por salvarnos del peligro. Pero ahora quiere irse a casa de su padre.

–¡El incendio! ¡Ah...! ¡Sí, claro!... –«¡Qué lista es esta Brígida, cómo sabe mentir!»–. Pero no tenéis que iros a casa de vuestro padre. No es necesario. Yo le he mandado una carta con uno de mis criados. A estas horas ya sabe que estáis bien.

–¿Le habéis dicho...?

–Que estabais en mi casa, libre de todo peligro. ¡Tranquila, pues, vida mía...!

Don Juan coge a doña Inés de la mano y la conduce hasta el jardín, junto al río.

–Descansa aquí un momento y olvida la triste cárcel oscura de tu convento. ¡Ah!, ¿no es verdad, ángel de amor, que lejos de la ciudad, aquí, cerca del río, la luna enciende su luz y es más blanca todavía? Piensa, despacio, mi amor, dónde te encuentras. Ahora ven. Ven a mi lado sin miedo.

»Mira estas flores del campo que viven cerca del río, el ruido del agua clara por donde cruzan los barcos hacia Sevilla. Esa música del viento que se rompe entre los árboles, la dulce canción del pájaro que espera cantando el día; ¿no es verdad, pequeña mía, que están llamando al amor? Estas palabras que hablan a tu corazón, y tu boca, que ya sólo vive para el beso de don Juan, ¿no es verdad, estrella[39] mía, que están llamando al amor?

Doña Inés empieza a llorar en silencio. Pero don Juan sigue.

–Esos cristales que caen ahora de tus tímidos ojos son como estrellas de agua que yo me quiero beber. Y ese color de tu cara, tan vivo, también está llamando al amor. Sí, Inés, vida mía, es amor. Mira ahora a este hombre, de duro y frío corazón. Mira cómo se pone a tus pies.

Don Juan cae de rodillas[40] delante de doña Inés.

–Callad, por Dios, don Juan, que vuestras palabras son como cuchillos que rompen mi corazón. La cabeza me da vueltas. Quizá me habéis dado para beber algún vino maravilloso y extraño que enciende la sed del amor. No sé qué cosa tenéis, que me conduce hacia vos. Sólo sé que voy a caer en vuestros brazos. Me lo dice el corazón. Vuestra soy. No, don Juan, ya no tengo solución. Yo voy a vos como ese río hacia el mar. ¡Don Juan, don Juan, estoy perdida! Os lo pido por favor, o rompedme el corazón o amadme, porque yo os amo.

–¡Alma mía! Tus palabras cambian toda mi vida. Ya no quiero otra cosa que estar siempre a tu lado. No, doña Inés, no es Satanás quien pone este amor en mí. Es Dios, que quiere, gracias a ti, ganarme para él. Éste es un amor diferente. No se parece a ninguno. Por eso voy a ir a ver a tu padre ahora mismo a pedirle tu mano. Y si no me la quiere dar, va a tener que matarme.

–¡Don Juan de mi corazón!

XVIII

Un hombre baja por el río en un pequeño barco. Poco después pone pie en tierra y se acerca a la casa. Viene embozado y lo acompañan algunos hombres. Don Juan lleva a doña Inés con Brígida y sale a recibir al visitante. Antes de ir a Sevilla para hablar con el padre de doña Inés, tendrá que ver qué quiere ese caballero. Pero debe darse prisa. Ya empieza a salir el sol.

–¿Qué ocurre, Ciutti? –pregunta don Juan.

–Señor, en la puerta hay un caballero que viene de Sevilla y que quiere hablar con vos. No sé quién es. Dice que sólo a vos puede decir su nombre. Viene acompañado por varios hombres, pero son pocos, señor, y además no llevan armas.

Don Juan coge su espada y las pistolas. Pueden hacerle falta. Un minuto después vuelve Ciutti con el extraño caballero.

–Y bien, caballero. ¿Qué queréis de mí?

–Vengo a mataros, don Juan.

–Entonces, ¿sois don Luis?

–No os equivocáis. No puedo esperar por más tiempo. En este mundo no hay sitio para los dos.

–Veo que os ha enfadado mucho mi aventura con doña Ana...

–Así es. Doña Ana ha perdido su honor y ahora no puede ser ni para mí ni para vos. Usasteis un juego muy sucio. Primero me llevasteis a vuestra bodega. Después entrasteis en casa de doña Ana como un ladrón, por la ventana. La noche os ayudó. Doña Ana pensó que yo era su visitante y no vos. Por eso, Tenorio, pensándolo bien, yo he ganado la apuesta, no vos.

–Parece que la amabais mucho, ¿no es verdad? Entonces ¿por qué aceptasteis mi apuesta?

–Porque pensé que no podíais ganarla. Pero dejemos ya las palabras. No hay tiempo que perder. Bajemos al río. Es un buen sitio para cruzar nuestras espadas.

Bajan hasta el río. Don Luis saca su espada. Tiene prisa por pelear. Don Juan Tenorio, también. Pero llega Ciutti corriendo.

–¡Señor, rápido, salvad la vida! Don Gonzalo viene hacia aquí con sus hombres. Llevan muchas armas y vienen a mataros.

–Tranquilo, Ciutti. Déjalo pasar, pero sólo a él. Tenemos mucho de qué hablar –don Juan guarda la espada–. Don Luis, quiero pediros un favor. Esperadme unos minutos antes de usar vuestra espada contra mí.

–No creo en vuestras palabras, don Juan. ¿Es que ahora tenéis miedo?

–No, ¡por mi vida! No es eso. Voy a explicároslo mejor. Esta noche pasada yo he ganado la apuesta. No sólo tuve una aventura con doña Ana. También tuve una aventura con una novicia: doña Inés. Vos ya conocéis a su padre, don Gonzalo de Ulloa. Ella sigue aquí, en mi casa. Ahora viene su padre para matarme y llevársela. Quiero hablar con su padre primero. Podéis entrar en esta habitación. Desde ahí podréis oírlo todo.

Suben a la casa. A los pocos minutos entra don Gonzalo con la espada en la mano.

–¿Dónde está ese sucio ladrón de jovencitas?

–Aquí está, don Gonzalo. A vuestros pies, mi señor.

Don Juan está de rodillas enfrente de don Gonzalo.

–¿Vos de rodillas? ¡Ja! –se ríe don Gonzalo–. Veros así me divierte. Nunca pensé que erais tan...

–Cuidado, don Gonzalo, con vuestras palabras y escuchadme un momento.

–No hay nada que escuchar. Todo está dicho aquí, en esta carta escrita por vuestra mano. ¡Cómo habéis podido hacer una cosa tan horrible a una dulce mujer que no sabe nada del mundo! Escribir tantas mentiras... Llevaros a mi hija olvidando su honor. ¡Sois peor que Satanás!

–¡Don Gonzalo! Nunca bajé la cabeza delante de otro hombre. Ni delante de mi padre ni delante de mi rey. Ahora me veis de rodillas sólo porque tengo algo muy importante que deciros.

–Ya veo que estáis asustado. Tenéis miedo de mi espada, don Juan.

–Con vuestras palabras, señor, estáis gritando «Matadme», y yo no quiero mataros. Yo amo a vuestra hija Inés. Ella ha cambiado mi alma y mi vida. Ella puede hacer un ángel de un satanás y ha hecho de mí un hombre diferente. Yo quiero, desde hoy, ser vuestro hijo, casarme con doña Inés y vivir en vuestra casa.

–Callad, por Dios, don Juan. ¿Vos el marido de mi hija? Nunca, nunca. Primero muerta que vuestra. ¡Dadme a doña Inés ahora mismo! Sé que está en esta casa.

–Pensadlo bien, caballero. Prefiero matar o morir antes que perder a Inés.

–Mi hija, don Juan. Dadme a mi hija.

De repente, de la habitación de al lado, sale don Luis Mejía riéndose como un loco.

–Nunca pensé oír tantas mentiras juntas. Pero estad tranquilo, don Gonzalo. El cielo nos ha mandado aquí a los dos para hacer justicia contra este villano.

–Está bien –grita don Juan–. ¡Van a hablar nuestras armas! Pero sabed bien, don Gonzalo, que vos me lleváis al infierno[41]. Vos vais a responder de mí[42] ante Dios.

Don Juan saca su pistola. Don Gonzalo cae muerto al suelo.

–Y a vos, don Luis Mejía, que me llamáis villano, ahora, cara a cara, os mato.

Don Juan le da muerte con su espada.

Durante unos segundos, don Juan se queda parado, en silencio. «Llamé al cielo y no me oyó y, pues sus puertas me cierra, de lo que hice en la Tierra, responda el cielo y no yo.»

Pero pronto olvida don Juan esos pensamientos. Sin perder más tiempo, salta por la ventana al río y llega nadando hasta el barco. En ese mismo momento, la Guardia, que viene a buscarlo, entra en la casa. En el suelo encuentra, muertos, a don Gonzalo de Ulloa y a don Luis Mejía.

Doña Inés, que ha oído ruidos, sale de la habitación donde esperaba.

–¡Padre mío! ¿Qué es esto?

–Es su hija –dice uno de los soldados.

–¡Ay de mí! ¿Dónde está don Juan?

–Él los ha matado, señora –contesta otro soldado.

–¡Dios mío! ¡No puede ser verdad!

–Sí, señora, sí lo es. Y después salió nadando hasta su barco para así salvar la vida.

–¡Justicia por doña Inés! –gritan todos los soldados.

–¡Pero no contra don Juan! –dice llorando doña Inés.

Llamé al cielo y no me oyó y, pues sus puertas me cierra, de lo que hice en la Tierra, responda el cielo y no yo.

XIX

HAN pasado cinco años, cinco largos años desde que don Juan dejó la ciudad de Sevilla. Es una clara noche de verano. El cielo está lleno de estrellas. La luna parece de cristal. Un suave viento que viene del río trae hasta la ciudad su dulce canción de agua. Nada ha cambiado en Sevilla. Sólo la casa de la familia Tenorio. En el lugar donde antes estaba el palacio hay ahora un panteón[43], levantado con el dinero que don Diego Tenorio dejó a su muerte. Allí descansan los caballeros que murieron a manos de su hijo don Juan. Allí duermen para siempre don Luis Mejía, don Gonzalo de Ulloa y el mismo don Diego Tenorio. Una estatua[44] sobre cada sepultura es el recuerdo de piedra de estos hombres. Más que un panteón, el antiguo palacio parece ahora un jardín.

Esta noche visita el panteón el autor de las estatuas. Está contando a un caballero la historia de este lugar.

–¡Por mi vida! ¿Qué ven mis ojos? Decidme, escultor[45], ¿estoy equivocado o aquella es la estatua de doña Inés? –pregunta el caballero.

–Cierto es, señor. También murió doña Inés. Cuando don Juan la dejó, cayó muy enferma y murió triste y sola en el convento. Don Juan la olvidó muy pronto, pero ella... Yo la vi muerta. Parecía que estaba dormida. Tenía la cara de un ángel y el color de una rosa...

El caballero se queda un momento en silencio, como perdido en extraños sueños. De repente, despertando, mete la mano en el bolsillo y saca unas cuantas doblas de oro. Se las da al escultor y le pide las llaves del panteón. Quiere quedarse allí solo.

–Pero, señor... Yo no puedo dejar las llaves a un extraño... Todavía no sé vuestro nombre...

–¡Don Juan Tenorio! Así me llamo.

El escultor no sabe qué decir. Tiene miedo. No quiere acabar como los caballeros que descansan allí. Le da las llaves y se va corriendo. Don Juan se queda por fin solo.

–¡Piedra suave que guardas el alma de doña Inés, deja llorar a este triste caballero que ahora se pone a tus pies! ¡Oh, Inés de mi vida! Yo quiero morir también y descansar a tu lado.

De repente la noche se vuelve oscura. Un fuerte viento se levanta y trae una extraña sombra. Don Juan no se da cuenta porque tiene los ojos cerrados y la cabeza entre las manos. Es la sombra de doña Inés. Su estatua ya no está en su lugar. Don Juan levanta entonces la cabeza.

–Yo te he esperado, don Juan, durante todo este tiempo. Soy doña Inés, que te escucha desde su sepultura –dice la sombra.

–¡Doña Inés, no es un sueño!... ¡Estás viva!

–Sólo para ti, don Juan. Yo le cambié a Dios mi alma por tu alma. Y Dios, como vio cuánto te amaba, me dijo: «Espera a don Juan en tu sepultura. O te pierdes para siempre con don Juan o te salvas con él». Ésta es la ocasión que tanto has esperado del cielo. Desde esta noche, puedes tenerme a tu lado para siempre. Don Juan, piénsalo bien. Dios te ha dado esta noche para elegir un camino: hacia el bien o hacia el mal. Debes ser fuerte, don Juan. Te queda ya poca vida...

La sombra de doña Inés desaparece entre las sepulturas. Don Juan sigue allí, solo y como perdido.

«¿Son verdad estas palabras que he escuchado? –duda don Juan–. No, no puede ser. ¿Estoy despierto? Sin embargo... la estatua de Inés estaba aquí y ahora no está... Sus tristes palabras me hablaron al corazón. No, no... ¡Marchad, sombras perdidas de un amor imposible! ¿Por qué me buscáis? ¡Dejadme! Pero... ¡qué ven mis ojos ahora! Me parece que se mueven los brazos y las piernas de las otras estatuas...»

De repente don Juan oye unas voces que lo llaman. Son Centellas y Avellaneda, sus viejos amigos, pero don Juan, en su emoción, piensa que también son sombras.

–¡Marchad de aquí, sombras de muerte! –grita.

–¡Pero, don Juan, amigo! No somos sombras ni estamos muertos. Somos Centellas y Avellaneda.

Don Juan les cuenta entonces las cosas que ha visto.

–¡Ja, ja, ja! Don Juan, perdonadme, pero es que me hacéis reír. ¡Seguís con vuestras bromas! ¡No habéis cambiado nada en este tiempo! ¿Es que ahora tenéis miedo a los muertos, como les pasa a los villanos?

–¡Miedo!, ¡yo! –grita don Juan, fuera de sí–. Os equivocáis, Centellas. ¿O es que olvidáis quién soy yo? Nunca, lo sabéis, nunca bajé la cabeza delante de ningún hombre. Siempre levanté la espada. No me asustan ni los vivos ni los muertos. Yo maté a todos estos caballeros que hoy descansan aquí... Pero olvidemos viejas historias. Ese tiempo ya ha pasado. Ahora don Juan os invita a los dos a cenar esta noche en su casa. Tenemos mucho de qué hablar.

–Así me gusta veros, don Juan. Dejad ya a los muertos tranquilos en sus sepulturas y salgamos pronto de aquí –dice Avellaneda sonriendo.

–Sí. Pero antes quiero invitar también a otro viejo amigo... ¡Don Gonzalo de Ulloa –empieza don Juan, mirando la estatua del caballero–, sabed que estáis invitado a cenar esta noche en mi casa! Os espero. Sin embargo, creo que no vais a poder venir y lo siento de verdad. En fin, ya lo sabéis: esta noche, en nuestra mesa, va a haber un sitio para vos.

Centellas y Avellaneda se miran el uno al otro. Piensan que don Juan ha perdido la cabeza.

XX

DON Juan y sus dos amigos ya están sentados a la mesa, una mesa preparada con mucho cuidado: copas de cristal de Bohemia, platos de oro, ricas frutas, flores... Don Juan no ha olvidado a don Gonzalo y le ha preparado una silla, una copa y un plato. Durante la cena, don Juan cuenta a sus amigos sus últimas aventuras.

–Así que ya lo sabéis, amigos. El Emperador me ha perdonado por ser un hombre valiente. Por eso he podido volver a Sevilla. Ahora voy a vivir en esta casa, que he comprado muy barata. Ciutti, ¡sirve vino a don Gonzalo de Ulloa!

–¡Ja, ja! ¡Tenéis buen humor, don Juan! ¿Todavía seguís con esa broma? –le dice el capitán Centellas.

–Sí. Nadie va a poder decir que no fui amable con don Gonzalo. Ja, ja, ja. ¡Bebamos por él, amigos míos! Mientras beben y ríen, oyen a alguien llamar a la puerta de la calle.

–Ciutti, ve a abrir –dice don Juan.

Pero Ciutti mira por la ventana y no ve a nadie en la calle. Un momento después oyen nuevos golpes, más fuertes esta vez.

–Ciutti, ¿no lo oyes? Vuelve a mirar.

–No veo a nadie, señor –contesta Ciutti con miedo.

–¡Por Dios, señores, me empieza a cansar esta broma! –dice don Juan, enfadado.

Ahora oyen ruidos en la escalera. Alguien está dentro de la casa. Don Juan tiene sus pistolas preparadas. El ruido se acerca más y más. Avellaneda y Centellas tienen la boca seca. El miedo no les deja moverse.

–¡Ah, ya lo entiendo, señores! –sonríe don Juan–. Como sabíais que he invitado a un muerto, habéis organizado todo esto para asustarme. ¡Pues sabed que a mí no me gustan estas bromas!

–Os equivocáis, don Juan –dicen los dos casi a la vez.

Don Juan se levanta, cierra con llave las puertas de la habitación y se vuelve a sentar. Sigue la cena. Centellas y Avellaneda parecen más tranquilos y don Juan intenta olvidar los ruidos llenando de vino las copas. Para el capitán Centellas vino de Cariñena, que tanto le gusta. A Avellaneda, como es sevillano, le sirve un buen Jerez. Pero entonces alguien llama a la puerta de la habitación. Don Juan se levanta y grita:

–¡Por Dios! ¿Por qué llamar a la puerta? ¡Los muertos pueden cruzar por la pared!

En ese momento, la estatua con vida de don Gonzalo pasa por la puerta, pero sin abrirla y sin hacer ruido. Avellaneda y el capitán Centellas se desmayan.

–Don Juan –dice la estatua–, ¿por qué esa sorpresa? Tú me invitaste y vengo a sentarme a tu mesa.

–Sentaos y cenemos. Y vosotros –grita mirando a sus amigos que siguen en el suelo–, ¡levantaos!

–No van a despertar. Sólo tú podrás verme. Vengo en nombre de Dios. Tú no creías en él y estabas muy equivocado. Hay otra vida además de ésta. Tu tiempo se acaba ya y Dios, que es rey de justicia, te da hasta el nuevo día para salvar tu alma. Por ello debes devolverme la visita y venir a cenar conmigo. Hasta pronto, don Juan.

La estatua de don Gonzalo se pierde como una sombra a través de la pared.

Don Juan ya no sabe qué pensar. Quizá el vino tenía algo raro. Pero sus ojos lo han visto. ¡Estaba allí! Era don Gonzalo, pálido y frío como la piedra, pero hablaba y se movía... Le parece oír de nuevo sus palabras. ¡Dios le ha dado de vida sólo hasta el nuevo día! ¡Es muy poco tiempo para cambiar toda una vida! Se acuerda de las dulces palabras de doña Inés: «Piénsalo bien, don Juan. Voy a estar a tu lado para siempre…».

–¡Oh, doña Inés! ¿Dónde estás? –grita don Juan.

De repente, la sombra de doña Inés cruza la pared.

–Aquí estoy, don Juan, siempre a tu lado. Piensa en las cosas que te ha dicho mi padre, don Gonzalo, porque desde mañana puedes estar a mi lado para siempre.

–¡Espera, Inés, vuelve, por Dios!

XXI

El capitán Centellas y Avellaneda despiertan de su sueño profundo. Abren poco a poco los ojos y miran a su alrededor, preguntándose dónde están. Parecen no acordarse de nada. Por fin consiguen levantarse y ven a don Juan que está sentado con los ojos perdidos.

–¡Don Juan! ¡Sois vos! ¿Dónde estamos?

–Caballeros, hablad claro –dice enfadado don Juan–. Yo os he invitado a mi casa y vosotros, a cambio, habéis preparado una broma para reíros de mí.

–No os entiendo.

–Entonces, ¿no habéis visto ni oído nada...?

–Así es. No sabemos de qué estáis hablando.

–¡Dejad ya, por Dios os lo pido, esta fea broma y decidme la verdad! ¡Nadie en el mundo puede reírse de mí!

–Nosotros creemos que esta broma la habéis organizado vos, don Juan. Vos mismo habéis preparado el vino para hacernos dormir y poder así decir que don Gonzalo ha cenado en vuestra casa.

–Entonces no hay nada más que hablar. ¡Sacad la espada y acabemos ya con este teatro, señores! ¿Quién quiere ser el primero en morir? –les grita don Juan.

XXII

La noche es fría y oscura en el panteón de los Tenorio. Un viento triste rompe el silencio con su suave canción. De repente, llega don Juan embozado.

Don Juan camina hacia la sepultura de don Gonzalo. Por todas partes le parece oír ruidos extraños.

–¡Por Dios! ¿Qué me está ocurriendo? Oigo pies de piedra por todas partes...

Don Juan llega a la sepultura de don Gonzalo de Ulloa. Su estatua ya no está allí. En su lugar hay ahora una gran mesa con flores secas de tristes colores, una copa de fuego, un plato de ceniza[46] y un reloj de arena. Todo se llena de sombras que salen de las sepulturas abiertas. Don Juan llama a la sepultura de don Gonzalo.

–¡Despertad, don Gonzalo! ¡Ya estoy aquí!

–Aquí me tienes, don Juan. ¿Por qué estás tan asustado? Estás pálido y parece que se desmaya tu corazón... ¿No decías que no le tenías miedo a nada?

–¡Ay de mí! ¿Qué es todo esto?

–Ya te queda poco tiempo, don Juan. Te lo avisó doña Inés. Aquí tienes la mesa preparada. Mira ese reloj de arena. Es el tiempo que te queda por vivir. Y eso es ceniza y fuego. Eso te espera, don Juan. Si Dios no te perdona, tu alma irá al fuego como ese río va al mar.

–Entonces, ¡era verdad! ¡Hay otra vida y otro mundo además de éste! Tengo frío. ¡Oh, Dios mío, no me das tiempo para creer en ti!

–Un segundo es suficiente, don Juan.

–¡No! ¡No puedo cambiar en un segundo! ¡No puedo olvidar treinta años de crímenes y engaños!

–¿Oyes esas campanas?

–¿Por quién tocan?

–Tocan a muerto por ti[47]. Y mira ahora. Están abriendo la sepultura en que te van a enterrar.

–¿Y esas tristes canciones?

–Las están cantando por ti.

–¿Y ese entierro[48] que pasa?

–Es el tuyo.

–¡Pero yo no he muerto todavía!

–Sí. Centellas te mató a la puerta de tu casa.

–¡Ya es tarde para mí! Todo está perdido. ¡Horribles sombras, dejadme por lo menos morir tranquilo! –grita don Juan sacando su espada contra ellas.

–Adiós, don Juan, tu vida ya se termina. Has perdido la ocasión. Esto es el final. No necesitas la espada. Dame la mano de amigo y adiós.

–¡Vete de mi lado, sombra! ¡Deja mi mano, que todavía queda algo de arena en el reloj de mi vida! Yo, Santo Dios, creo en Ti, en tu justicia y tu perdón –y mientras dice esto don Juan cae llorando de rodillas.

–Ya es tarde para ti –contesta don Gonzalo.

Hacia don Juan, caído de rodillas en el suelo, se acercan ahora miles de sombras salidas de las sepulturas. Quieren llevarlo con ellas a su mundo, bajo tierra.

–¡Perdóname, Señor, perdóname!

–Tuviste tu momento, don Juan. Ahora ya es tarde.

De repente, una luz cruza las sombras y se levanta un viento fresco. Se abre entonces la sepultura de doña Inés y aparece su sombra.

–¡No, esperad! ¡Aquí estoy, don Juan! Dame la mano. Dios te perdona.

–¡Doña Inés!

–¡Marchad de aquí, sombras de muerte! ¡Volved a vuestras casas de piedra! Por mi amor, el alma de don Juan se va a salvar del infierno.

–¡Inés!

–Yo di mi alma por ti, y Dios por mí te perdona. El amor salvó a don Juan al pie de la sepultura.

Callan las músicas tristes, los cantos. Las campanas son alegres ahora. La noche se abre como un fruto. Sale la luna y el cielo se llena de estrellas. Las sombras vuelven despacio a sus sepulturas. Las flores se abren. Cae don Juan a los pies de doña Inés y mueren los dos. Sus almas salen de sus cuerpos hacia el viento, hacia la luz.

ACTIVIDADES

Antes de leer

1. Antes de empezar la lectura de *Don Juan Tenorio*, ojéala, fíjate en las ilustraciones y lee la introducción de la página 3. Después, di si las siguientes afirmaciones son verdaderas o falsas y corrige las falsas.

a. La obra original Don Juan Tenorio, de José Zorrilla, es una obra de teatro. ☐
b. José Zorrilla la escribió en el siglo XVI. ☐
c. Se engloba dentro de la corriente literaria del realismo. ☐
d. La obra transcurre en Toledo. ☐
e. Don Juan es un personaje universal. ☐
f. El Don Juan Tenorio, de José Zorrilla, es una obra olvidada. ☐

2. Después de leer la introducción de *Don Juan Tenorio*, ¿cuál de estas crees que es la definición de la expresión «ser un donjuán»?

   a. Ser un hombre sencillo al que se puede engañar con facilidad.
   b. Ser un hombre que seduce a las mujeres.
   c. Ser un hombre que no necesita a nadie.

Durante la lectura

Capítulo I

3. Lee el capítulo y anota la siguiente información.

   a. Cuándo ocurre la historia.
   b. Qué fiesta se está celebrando en la ciudad.
   c. Quiénes son los personajes del capítulo (nombre y ocupación).
   d. Dónde están.
   e. De qué hablan.

4. ¿Quién crees que es el caballero que habla con Buttarelli?

Capítulo II

5. (1) Antes de leer el capítulo, escúchalo e indica quién dice lo siguiente.

   a. *¿Conoces a don Juan Tenorio?*
   b. *Esos dos caballeros son los más valientes de toda España.*
   c. *Prefiero ver a mi hija muerta que casada con un hombre así.*
   d. *Entonces, me quedo a esperarlo yo también.*

6. Ahora, lee el capítulo y corrige tus respuestas.

7. Reflexiona sobre las siguientes cuestiones de este capítulo.

   a. ¿Qué tienen en común los dos hombres que entran en la hostería?
   b. ¿Qué relación pueden tener cada uno con don Juan Tenorio?
   c. ¿Qué crees que ocurrirá en los próximos capítulos?

Capítulo III

8. Lee el capítulo y escoge la respuesta correcta.
   a. Avellaneda y Centellas hablan principalmente de...
      - ☐ la calidad de los vinos que tiene Buttarelli.
      - ☐ la apuesta entre don Juan Tenorio y don Luis Mejía.
      - ☐ los antifaces que la gente lleva por Carnaval.
   b. Esta misma noche,...
      - ☐ don Juan y don Luis van a organizar una fiesta en la hostería.
      - ☐ don Juan y don Luis van a hacer una apuesta.
      - ☐ se sabrá quién ha ganado la apuesta: don Juan o don Luis.

Capítulo IV

9. Lee el capítulo y compara las aventuras de don Juan y de don Luis. ¿Quién ha ganado la apuesta?

	Países en los que han estado	Engaños y robos	Muertes	Mujeres amadas
Don Juan Tenorio				
Don Luis Mejía				

10. Describe qué nueva apuesta han hecho don Juan y don Luis.

11. Tras leer este capítulo, escribe tu opinión sobre don Juan y don Luis. ¿Cómo los definirías? ¿Quién te merece peor opinión?

Capítulo V

12. (2) Antes de leer el capítulo, escúchalo y escribe qué relación tienen estas personas con don Juan.

Doña Inés	Don Gonzalo de Ulloa	Don Diego Tenorio

13. Ahora, lee el capítulo y corrige tus respuestas.

Capítulo VI

14. Lee el capítulo y haz las preguntas a estas respuestas.
   a. Porque don Luis Mejía ha avisado a la Guardia.
   b. Porque don Juan ha hecho lo mismo.
   c. No podrá casarse mañana.

Capítulo VII

15. 3 Antes de leer el capítulo, escúchalo y relaciona los personajes con sus características.

	• Criado de doña Ana
	• Futura esposa de don Luis
a. Doña Ana de Pantoja	• Aragonés
b. Don Gil de Pantoja	• Peligroso
c. Pascual	• Valiente
d. Don Juan	• Le gustan demasiado las mujeres
e. Don Luis	• Padre de doña Ana
	• Preocupado por don Juan

16. Ahora, lee el capítulo y corrige tus respuestas.

17. Responde a las preguntas.
   a. ¿Por qué acude don Luis a casa de doña Ana?
   b. ¿Qué le propone don Luis a Pascual?
   c. ¿Presenta alguna objeción Pascual al plan de don Luis?

Capítulo VIII

18. 4 Antes de leer el capítulo, escúchalo, fíjate en la ilustración de la página 29 y responde a las preguntas.
   a. ¿Quiénes son los dos personajes?
   b. ¿Dónde están?
   c. ¿De qué hablan?

19. Ahora, lee el capítulo y corrige tus respuestas.

20. Relee el final del capítulo y resúmelo.

Capítulo IX

21. Un estudiante de español ha leído el capítulo y expresa su opinión. ¿Crees que ha entendido bien el capítulo? ¿Compartes sus opiniones?

Me parece que para don Juan la amistad es lo primero.
Yo creo que don Luis va a pasar una mala noche.
En mi opinión, los dos hombres merecen el amor de sus mujeres.
Parece ser que doña Ana va a ser víctima de la maldad de don Juan.

22. ¿Qué significado tienen las siguientes personificaciones en este capítulo?
    a. *La ciudad duerme tranquila.*
    b. *La noche es amiga mía.*

Capítulo X

23. 5 Antes de leer el capítulo, escúchalo y, después, encuentra en el resumen dos palabras que no existen en español y sustitúyelas por las palabras adecuadas.

Don Juan Tenorio quiere pasar la noche con doña Inés y habla con la sedaral de doña Inés, Brígida, para que le deje entrar en el marzaro. Brígida accede porque don Juan le pagará. Él empieza a sentir algo especial por doña Inés y Brígida se sorprende de ello.

24. Ahora, lee el capítulo y corrige tus respuestas.

Capítulo XI

25. Lee el capítulo y señala cuál de las siguientes preguntas no puede responderse a partir de su lectura.
    a. ¿Quién abre la ventana cuando Ciutti llama?
    b. ¿Por qué don Juan y Ciutti van a casa de doña Ana?
    c. ¿Por qué está tan contenta doña Ana?
    d. ¿Consigue don Juan que Lucía le ayude? ¿Cómo?
    e. ¿Es Lucía una buena criada? ¿Te recuerda a alguien en la historia?

26. Ahora, responde al resto de las preguntas anteriores.

Capítulo XII

27. 6 Antes de leer el capítulo, escúchalo y marca los tres adjetivos que mejor describen a doña Inés.

extrovertida malvada mayor bondadosa inocente inexperta

28. Ahora, lee el capítulo y comprueba si has acertado.

29. Contesta a estas preguntas.

a. ¿Qué le dice la madre abadesa a doña Inés?
b. ¿Por qué crees que está nerviosa doña Inés?
c. ¿Crees que hace bien en confiar en su criada?

Capítulo XIII

30. Lee el capítulo y responde a las preguntas.

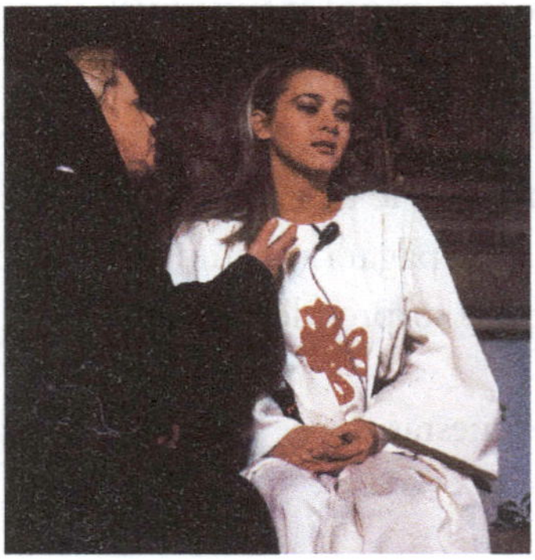

a. ¿Crees que está cumpliendo Brígida bien el encargo de don Juan?
b. ¿Qué dato desconoce doña Inés sobre su compromiso con don Juan?
c. ¿Qué opinas sobre los sentimientos de doña Inés y sobre su reacción?

Capítulo XIV

31. 7 Antes de leer el capítulo, escúchalo y escribe un pequeño resumen, explicando...

- quién llega
- qué ocurre entonces
- cuáles son las intenciones de don Juan

32. Ahora, lee el capítulo y corrige tu resumen.

Capítulo XV

33. 8 Antes de leer el capítulo, escúchalo y di si las siguientes afirmaciones son verdaderas o falsas. Corrige las que sean falsas.

a. El padre de doña Inés, don Gonzalo, llega al convento. ☐
b. En el convento, don Gonzalo habla con su hija. ☐
c. Don Gonzalo está tranquilo porque su hija está a salvo en el convento. ☐
d. Don Gonzalo se da cuenta de que don Juan ya se ha llevado a doña Inés. ☐

34. Ahora, lee el capítulo y corrige tus respuestas.

Capítulo XVI

35. Lee el capítulo y completa las siguientes oraciones.

a. Ciutti y Brígida han trabajado toda la noche y por eso...
b. Doña Inés se despierta y...
c. Brígida se asoma a la ventana, y entonces...
d. Doña Inés quiere dar las gracias a don Juan, pero después...

Capítulo XVII

36. 9 Antes de leer el capítulo, escúchalo y completa esta popular cita de la obra original (no adaptada) de José Zorrilla con las palabras que te damos.

¡Ah! ¿No es cierto, ... de amor,
que en esta apartada ....
más pura la .... brilla
y se respira mejor?

(Fuente: *Don Juan Tenorio: drama religioso-fantástico en dos partes por José Zorrilla; edición de Joaquín Juan Penalva,* Biblioteca Virtual Miguel de Cervantes)

orilla
luna
ángel

37. Ahora, lee el capítulo y compara la cita anterior con el texto adaptado.

38. Después de leer el capítulo, ¿crees que son sinceros los sentimientos de don Juan hacia doña Inés?

Capítulo XVIII

39. Antes de leer el capítulo, fíjate en la ilustración de la página 57 y responde a las preguntas.
    a. ¿Quiénes crees que son los dos personajes?
    b. ¿Qué puede estar pasando? ¿Por qué?

40. Lee el capítulo y corrige tus respuestas.

41. Escribe qué tienen en común los siguientes personajes.
    a. Doña Ana y doña Inés.
    b. Don Gonzalo y don Luis.

42. Escribe tu opinión sobre el final del capítulo. ¿Qué opinas del comportamiento de don Juan? ¿Y de la actitud de doña Inés?

Capítulo XIX

43. 10 Antes de leer el capítulo, escúchalo y escoge la palabra correcta.
    a. El ambiente de este capítulo es realista/cómico/fantasmal.
    b. La noche en que ocurre el capítulo es clara/fría/oscura.
    c. Don Juan está en su casa/el jardín de su casa/un panteón.
    d. Doña Inés está viva/muerta/moribunda.

44. Ahora, lee el capítulo y comprueba tus respuestas.

45. Reflexiona sobre las siguientes cuestiones.
    a. ¿Crees que don Juan hará caso a las recomendaciones de doña Inés?
    b. ¿Qué crees que ocurrirá en la cena que va a celebrar don Juan?

Capítulo XX

46. Lee el siguiente capítulo y escribe un pequeño resumen de lo que ocurre en él. Para ello, te será útil esta guía.
    a. Qué personajes (principal y secundarios) participan en el capítulo.
    b. Dónde están.
    c. Qué están haciendo.
    d. Qué sucede de repente.
    e. Cómo acaba el episodio.

Capítulo XXI

47. 11 Antes de leer el capítulo, escúchalo y escoge la respuesta correcta.
    Don Juan quiere matar a sus compañeros porque...
    a. piensa que ellos le han gastado una broma pesada.
    b. cree que sus compañeros quieren matarlo.
    c. sus compañeros no creen que don Juan haya visto a un fantasma.
48. Ahora, lee el capítulo y comprueba tus respuestas.

Capítulo XXII

49. Lee el capítulo, reflexiona sobre la historia completa y responde a las preguntas.
    a. ¿Cómo ha sido la vida de don Juan?
    b. ¿Cómo ha acabado sus días?
    c. ¿Qué sentimientos han triunfado al final?
    d. ¿Esperabas un final así de la historia?

Después de leer

50. Investiga sobre el mito de don Juan y sus distintas versiones (las de Tirso de Molina, Molière, Mozart, Byron...). Escribe una redacción comparándolas y respondiendo a estas preguntas.

Tirso de Molina (1583?-1648).

Molière (1622-1673).

Mozart (1756-1791).

Lord Byron (1788-1824).

José Zorrilla (1817-1893).

a. ¿Cómo se titulan las obras de los distintos autores?
b. ¿Cuál fue la primera obra en la que apareció el personaje?
c. ¿Qué elementos tienen en común las distintas obras?
d. ¿En qué se diferencian?
e. ¿Todas tienen un final feliz?

51. Busca más información sobre la vida y obra de José Zorrilla y el Romanticismo en España y escribe una breve redacción.

SOLUCIONES

1. a-V.

   b-F, la escribió en el siglo XIX.

   c-F, es una obra romántica.

   d-F, transcurre en Sevilla.

   e-V.

   f-F, es una obra muy popular y se representa todos los años el 1 de noviembre.

2. b.

3. a. En febrero de 1545.
   b. Carnaval.
   c. Buttarelli, el dueño de la hostería, un caballero, que no desvela su nombre, y su criado, Ciutti.
   d. En la Hostería del Laurel de Sevilla.
   e. Del caballero, del que no sabemos su nombre.

4. Es don Juan Tenorio.

5. a. El primer caballero que entra en la hostería.
   b. Buttarelli.
   c. El primer caballero que entra en la hostería.
   d. El segundo caballero que entra en la hostería.

7. a. Ambos quieren ver esa noche a don Juan Tenorio sin que él se dé cuenta.
   b. El primer caballero que entra en la hostería es el padre de su prometida, doña Inés. El segundo es su padre.

8. a. la apuesta entre don Juan Tenorio y don Luis Mejía.
   b. se sabrá quién ha ganado la apuesta: don Juan o don Luis.

9. Don Juan Tenorio ha ganado la apuesta.

	Países en los que han estado	Engaños y robos	Muertes	Mujeres amadas
Don Juan Tenorio	Italia (Roma, Nápoles)	Robó y engañó	32	72
Don Luis Mejía	Flandes Alemania Francia (París)	Se unió a unos ladrones, a los que acabó traicionando	23	56

10. Conseguir el amor de una novicia y el de la novia de un amigo.

12. Doña Inés: amada de don Juan.
    Don Gonzalo de Ulloa: padre de doña Inés.
    Don Diego Tenorio: padre de don Juan.

14. a. ¿Por qué va a ir a la cárcel don Juan?
    b. ¿Por qué va a ir a la cárcel don Luis?
    c. ¿Qué le pasará a don Luis por culpa de eso?

15. a. Doña Ana de Pantoja: futura esposa de don Luis.
    b. Don Gil de Pantoja: padre de doña Ana.
    c. Pascual: criado de doña Ana. Aragonés. Valiente.
    d. Don Juan: peligroso. Le gustan demasiado las mujeres.
    e. Don Luis: le gustan demasiado las mujeres. Preocupado por don Juan.

17. a. Porque teme que don Juan consiga pasar la noche con ella.
    b. Pasar la noche en casa de doña Ana para protegerla de don Juan.
    c. Al principio no le parece bien la idea porque aún no están casados.

18. a. Don Luis y doña Ana.
    b. En casa de doña Ana.
    c. De que doña Ana está en peligro por culpa de don Juan.

20. Resumen modelo: Doña Ana accede finalmente a que don Luis pase la noche en su casa para protegerla de don Juan. Don Juan ha conseguido salir de la cárcel y se dirige a casa de doña Ana. Además, gracias a Brígida, ya tiene la llave para entrar en el convento de doña Inés.

22. a. Toda la gente en la ciudad duerme tranquila.
    b. A don Juan le están saliendo bien las cosas esa noche.

23. sedaral - criada; marzaro - convento.

25. c.

26. a. Lucía, la criada de doña Ana.
    b. Para hablar con Lucía y que esta ayude a don Juan a entrar en su casa.
    d. Sí, lo consigue con dinero.
    e. No, no es una buena criada, es una traidora. Se parece a Brígida, la criada de doña Inés.

27. bondadosa - inocente - inexperta.

29. a. Que su padre ha decidido que permanezca toda su vida en el convento.
    b. Porque ya está enamorada de don Juan.
    c. No, Brígida está comprada por don Juan.

30. a. Sí, doña Inés ya está muy enamorada de don Juan.
    b. Que su padre ha roto el compromiso.

31. Resumen modelo: Don Juan entra a la habitación de doña Inés, ella se desmaya y don Juan la coge en sus brazos. Entonces, le pide a Brígida que lo ayude a sacarla del convento.

33. a-V.
    b-F, habla con la madre abadesa, doña Inés no está en su cuarto.
    c-F, está muy nervioso porque cree que su hija está en peligro.
    d-V.

35. a. están cansados.
    b. no sabe dónde está.
    c. ve llegar a don Juan.
    d. quiere ir a casa de su padre.

36. *¡Ah! ¿No es cierto,* ángel *de amor, que en esta apartada* orilla *más pura la* luna *brilla y se respira mejor?*

39. a. Son don Juan y don Luis Mejía.
    b. Don Juan está enfurecido y mata a don Gonzalo y a don Luis.

41. a. Las dos han sido deshonradas por don Juan.
    b. Los dos mueren a manos de don Juan.

43. a. fantasmal.
    b. clara.
    c. un panteón.
    d. muerta.

45. a. Don Juan no hace caso de las palabras de doña Inés.
    b. Acude el fantasma de don Gonzalo.

46. Resumen modelo: Don Juan está en su casa, cenando con sus compañeros, Avellaneda y Centellas. De repente, aparece la estatua de don Gonzalo. Avellaneda y Centellas se desmayan. Don Gonzalo le dice a don Juan que tiene la oportunidad de arrepentirse y salvar su alma. Después, doña Inés se aparece a don Juan y le pide que escuche a su padre.

47. a.

49. a. Llena de crímenes y engaños.
    b. Al lado de doña Inés.
    c. El amor y la fe en Dios.

NOTAS

Estas notas proponen equivalencias o explicaciones que no pretenden agotar el significado de las palabras o expresiones siguientes, sino aclararlas en el contexto de *Don Juan Tenorio.*

m.: masculino, *f.:* femenino, *sing.:* singular, *inf.:* infinitivo.

1 **Carnaval** *m.:* Carnaval significa «adiós a la carne», y es, de hecho, una fiesta popular de despedida de la carne y de los placeres de la vida en general. Se celebra durante los tres días que preceden a la Cuaresma –cuarenta y seis días en que los cristianos deberán dedicarse al ayuno (no comer carne ni comer a ciertas horas) y a la penitencia (pedir perdón por los pecados).

2 **Flandes:** nombre dado a los territorios que comprendían los actuales reinos de Holanda y Bélgica, y parte de Francia.

3 **antifaces** *m.* (*sing.:* **antifaz**): piezas de tela con las que las personas se cubren parte de la cara para no ser reconocidas.

4 **hostería** *f.:* casa donde se puede comer y dormir, pagando por ello.

5 **criado** *m.:* persona que trabaja al servicio de una casa o de alguien y recibe un salario por ello.

6 **espada** *f.:* arma blanca, de hoja de acero larga y cortante por los dos lados.

7 **valiente:** que no tiene miedo.

8 **villanos** *m.:* antiguamente, personas de clase baja que vivían y trabajaban en el campo. También, personas groseras y sin honor.

9 **convento** *m.:* casa donde viven en comunidad los monjes o monjas de una orden religiosa.

10 **apuesta** *f.:* acuerdo entre dos o varias personas que tienen una opinión distinta sobre un asunto. Cuando se descubre quién tiene la razón, la persona que pierde debe hacer algo o pagar una cierta cantidad de dinero. Hacer una **apuesta** es **apostar**.

11 **vos ya sabéis: usted ya sabe:** el pronombre vos con el verbo en segunda persona del plural es una forma de tratamiento antigua, señal de respeto, que Zorrilla utiliza aquí para dar a su obra, situada en el siglo XVI, un sabor de autenticidad.

12 **doblas** *m.:* monedas castellanas de oro que se usaron a partir de la Edad Media.

13 **excelencia** *f.:* tratamiento de respeto dado a personas importantes.

14 **campanada** *f.:* sonido que hace la **campana**. La **campana** es un instrumento de metal, hueco, que suena cuando es golpeado. Se usa en las iglesias para llamar a los cristianos y para indicar las horas.

15 **honor** *m.:* aquí, cualidad por la que alguien se merece el respeto y la consideración de los demás y de él mismo, es decir, dignidad moral, buena reputación. En los siglos XVI y XVII, el honor de la familia dependía de la virtud de las mujeres.

16 **embozado:** con la cara cubierta por la capa hasta la nariz o los ojos.

17 **soldado** *m.:* militar.

18 **Túnez:** ciudad de África del Norte, capital del país del mismo nombre. Fue ocupada por los españoles en 1535 y 1573.

19 **Emperador** *m.:* se trata de Carlos I de España y V de Alemania (1500-1558). Su reinado constituye una de las épocas más importantes en la historia de España. Su imperio se extendía por amplios territorios de Europa (Nápoles, Sicilia, Cerdeña, Países Bajos, Franco Condado...) y por las tierras de América recién descubiertas.

20 **Borgoña, Falerno, Sorrento:** regiones de Francia (Borgoña) e Italia (Falerno, Sorrento) famosas por sus vinos.

21 **engañé** (*inf.:* **engañar**): hice creer como verdad algo que no lo era. Aquí, utilicé **engaños** –mentiras y falsas promesas– para conseguir lo que quería.

22 **palacios** *m.:* casas grandes y ricas donde viven los reyes, los nobles o las personas importantes.

23 **novicia** *f.:* mujer que se prepara en un **convento** para ingresar en una orden religiosa.

24 **Satanás:** el príncipe de los demonios, diablo.

25 **sepultura** *f.:* lugar en que se entierra a uno o varios muertos.

26 **fuera de sí:** tan enfadado que no sabe lo que hace.

27 **hace justicia** (*inf.:* **hacer**): da a cada uno el castigo o la recompensa que se merece.

28 **Virgen del Pilar** *f.:* en los países católicos, la Virgen María, madre de Jesucristo, recibe muchos nombres distintos y es tradicional rendir culto a una Virgen en particular, según las regiones, ciudades, pueblos e incluso barrios. Así, la Virgen del Pilar es especialmente venerada en la ciudad de Zaragoza.

29 **¿quién va?:** fórmula antigua, equivalente a «¿quién llama?» (a la puerta, etc.) o simplemente «¿quién está ahí?».

30 **bodega** *f.:* lugar donde se guarda el vino.

31 **ángel** *m.:* ser sobrenatural, espíritu puro.

32 **monjas** *f.:* mujeres que pertenecen a una orden religiosa y viven en un **convento**.

33 **madre abadesa** *f.:* título que se da a la monja que dirige un **convento**.

34 **alma** *f.:* parte espiritual del ser humano.

35 **se desmaya** (*inf.:* **desmayarse**): pierde el sentido, la consciencia.

36 **caballero de Calatrava** *m.:* la Orden de Calatrava era una orden religiosa. Sus comendadores mayores y maestres, como don Gonzalo, eran los únicos hombres que tenían derecho de entrada en los conventos de esta orden.

37 **incendio** *m.:* fuego grande que quema y destruye todo lo que encuentra a su paso.

38 **os ha salvado** (*inf.:* **salvar**): os ha librado del peligro (en este caso, de la muerte).

39 **estrella** *f.:* cuerpo celeste que tiene luz propia.

40 **de rodillas:** con las piernas dobladas y las rodillas apoyadas en el suelo en señal de respeto, sobre todo para suplicar algo a alguien.

41 **infierno** *m.:* según la religión católica, lugar donde sufren castigo las almas de los condenados, de las personas que, por su mala conducta en la Tierra, no alcanzan el cielo tras su muerte.

42 **vais a responder de mí:** serás responsable de todos mis actos.

43 **panteón** *m.:* monumento levantado sobre la **sepultura** de varias personas.

44 **estatua** *f.:* obra de **escultura,** aquí de piedra, que representa una figura humana entera. (Ver nota siguiente.)

45 **escultor** *m.:* persona que se dedica a la **escultura,** es decir, al arte de representar en bulto figuras de personas, animales o cosas en piedra, metal, madera u otro material.

46 **ceniza** *f.:* polvo de color gris claro que queda después de quemar algo. También, en plural, restos de una persona muerta.

47 **tocan a muerto por ti** (*inf.:* **tocar**): las campanas de la iglesia suenan para anunciar tu muerte y tu **entierro.** (Ver nota siguiente.)

48 **entierro** *m.:* acto durante el que se pone bajo tierra el cuerpo de una persona muerta. También, grupo de personas que acompañan al muerto al cementerio.

Títulos ya publicados de esta Colección

Nivel 3

* *Don Juan Tenorio.* José Zorrilla
* *El desorden de tu nombre.* Juan José Millás
* *La Cruz del Diablo.* Gustavo Adolfo Bécquer
* *Marianela.* Benito Pérez Galdós
* *La casa de la Troya.* Alejandro Pérez Lugín
* *Lazarillo de Tormes.* Anónimo
El secreto de Cristóbal Colón. Luis María Carrero
Pánico en la discoteca. Fernando Uría

Nivel 4

Carnaval en Canarias. Fernando Uría
* *El oro de los sueños.* José María Merino
* *La tierra del tiempo perdido.* José María Merino
* *Las lágrimas del sol.* José María Merino
* *La muerte y otras sorpresas.* Mario Benedetti
* *Letra muerta.* Juan José Millás
* *Sangre y arena.* Vicente Blasco Ibáñez

Nivel 5

* *Pepita Jiménez.* Juan Valera
* *Aire de Mar en Gádor.* Pedro Sorela
* *Los santos inocentes.* Miguel Delibes

Nivel 6

* *Los Pazos de Ulloa.* Emilia Pardo Bazán
* *La Celestina.* Fernando de Rojas
* *El Señor Presidente.* Miguel Ángel Asturias

* *Adaptaciones*